Nortrud Boge-Erli

Das Stuttgarter Märchenbuch

Sagen, Legenden und Märchen aus Stuttgart neu erzählt

mit Illustrationen
von Anne Bernhardi

marzellen verlag

Bibliografische Information der Deutschen Nationalbibliothek
Die Deutsche Nationalbibliothek verzeichnet diese Publikation
in der Deutschen Nationalbibliografie;
detaillierte bibliografische Daten sind im Internet
über http://dnb.ddb.de abrufbar.

© 2020 Marzellen Verlag GmbH, Köln

Umschlag und Illustrationen: Anne Bernhardi
Satz/Layout: Redaktionsbüro Tewes, Köln
Lektorat: Ruth und Detlef Reich, Köln
Druck: Buch Theiss GmbH, Österreich
Alle Rechte vorbehalten.
Printed in Austria.
ISBN 978-3-937795-66-9

www.marzellen-verlag.de

Inhalt

Das Stuttgarter Hutzelmännlein	5
Zwergenmützchen oder warum Stuttgart so heißt	11
Die Geschichte vom Sepp und den geheimnisvollen Schuhen	18
Die Geschichte der Vrone Kiderlen	26
Die Schöne Lau	32
Die sieben Schwaben	38
Der Riese vom Reußenstein	46
Die Sibylle von der Teck	53
Die Weiber von Weinsberg	58
Der Wirt am Berg	64
Die Teufelsglocke	70
Der Drache von Limburg	75
Die Sage von der Schalksburg	82
Das kalte Herz	89
Das Hornberger Schießen	97
Zwei halbe Ringe	103
Die Welfensage	109
Der Bauer und die Schwäbische Eisenbahn	115

Es war einmal ...

Die Sagen, Legenden und Geschichten aus Stuttgart und der Region sind jahrhundertealt und doch zum Greifen nah. Immer wieder wurden sie im Volksmund weitererzählt und irgendwann aufgeschrieben. So zeigen sie eine wunderbare Sagen- und Erzählwelt über die Jahrhunderte auf.

Die Schauplätze des „Stuttgarter Märchenbuches" könnt ihr auch heute noch besichtigen und dort viel über die Vergangenheit des jeweiligen Ortes erfahren. Am Ende jedes Märchens wird auf einem solchen Pergament erklärt, welche Orte aus den Geschichten ihr euch heute noch anschauen könnt. Jedes Märchen hat sein eigenes Symbol, das ihr auf dem Lageplan im Einband des Buches wiederfindet. So könnt ihr euch selbst auf Zeitreise begeben und den Spuren der Stuttgarter Geschichten folgen.

Das Stuttgarter Hutzelmännlein

Lange, bevor es die Stadt Stuttgart im Neckartal gab, hauste ein Wichtelmann in einer Höhle in den Bergen hoch überm Tal. Er beobachtete alles, was im Tal geschah, während er mit Pech grobe Stiefel wasserdicht machte und aus buntgefärbtem Leder feine Schuhe herstellte.

So sah er auch, wenn die goldgelben Birnen und rotbackigen Äpfel im Garten des Doktor Veylland reiften und er hätte gern welche davon gehabt, um sie zu trocknen und Hutzelbrot daraus zu backen. Er sah aber auch wie die jungen Bauernburschen über die Mauer kletterten, sich die Taschen vollstopften und im Mondschein wieder verschwanden. Und natürlich sah er auch, dass der gute Doktor Veylland sich jeden Morgen fürchterlich ärgerte, wenn wieder Äste leergepflückt waren.

Der Doktor ließ Handwerker kommen und eine höhere Mauer um seinen Garten bauen. Aber das half nicht, die jungen Männer machten Räuberleitern und schwupp, sprangen sie in die Bäume und ernteten Äpfel, Birnen und Pflaumen, so viel sie nur wegschleppen konnten.

Der Wichtelmann schüttelte seinen schwarzen Lockenkopf und strich sich über den Bart.

„Da muss ich wohl eingreifen", sprach er zu sich selbst und zog einen seltsam geformten hölzernen Krebs unterm Arbeitstisch hervor. Der war aus einem Stück geschnitzt und hatte zwei Kneifzangen, zwischen die man gut den Absatz eines Stiefels klemmen konnte, um ihn leichter vom Fuß zu streifen.

„Komm Zanges-Banges, lass uns ins Tal hinuntersteigen, es gibt Arbeit für dich." Damit steckte der Zwerg den Krebs unter seine Arbeitsschürze,

schlüpfte in die dunkelrote Samtjacke, setzte die Zipfelmütze auf die schwarzen Locken und stieg den Berg hinunter ins Tal.

Unterwegs kam er an den Wiesen entlang, auf denen die Hütebuben Schafe, Kühe und Ziegen hüteten.

„Heh, hallo, da kommt der Pechschwitzer!", riefen die einen und winkten. Sie wussten wohl, dass er ihre groben Stiefel mit Pech wasserdicht machen konnte.

„Hast du Hutzelbrot für uns?", riefen die anderen und liefen zu ihm. Sie hatten immer Hunger und wussten, dass der Wichtel ihnen oft ein Stück frisch gebackenes Früchtebrot schenkte. Darum nannten sie ihn auch den Tröster.

„Heute nicht!", sagte der Wichtelmann, der seine drei Namen sehr wohl kannte. „Es gibt kein Hutzelbrot, wenn ihr dem Doktor Veylland alles Obst aus dem Garten klaut!" Da lachten die Hütebuben und der Kühnste von ihnen, Frieder, rief: „Verrat uns nicht, Tröster!"

Der Wichtelmann schaute die wilden Burschen ernst an und schüttelte den Lockenkopf. „Dass ihr den Doktor bestehlt, ist nicht richtig", murmelte er und stieg weiter hinab ins Tal.

Es war noch früher Morgen. Die Sonne färbte den Himmel im Osten zartrosa und der alte Professor spazierte im Morgenmantel unter seinen Obstbäumen herum.

„Schon wieder! Sie haben meine schönen goldgelben Mirabellen geerntet!" Er ließ einen Ast los, den er untersucht hatte.

Plötzlich stand der Pechschwitzer, der Hutzelmann, der Tröster vor ihm.

„Ich will Euch gern helfen", sprach er und zog den hölzernen Krebs unter dem Samtrock hervor. „Dies ist mein Knecht und er wird den Dieb fangen. Ich leihe ihn Euch von Herzen gern, wenn Ihr mir einen Korb voll Obst für seine Dienste versprecht."

Misstrauisch betrachtete der Doktor Veylland den seltsamen Diener. Aber der Hutzelmann lachte.

„Probiert es aus, gelehrter Herr. Stellt ihn so, dass er allein in den Garten laufen kann. Und wenn er einen Dieb gefasst hat, und ihr wollt, dass er loslässt, so sprecht:
>Zanges-Banges lass ihn gahn!
>Wohl hast du dein Werk getan.

Merkt Euch den Wortlaut des Spruches genau. Ihr werdet schon sehen!"

Damit ließ er den Krebs zu Boden gleiten und verschwand so geheimnisvoll und lautlos, wie er gekommen war.

Der Doktor trug den Krebs ins Haus und stellte ihn neben die Haustür. Erst geschah gar nichts. Der Holzkrebs stand starr und stumm da.

Doch mitten in der Nacht hörten alle im Haus plötzlich ein wütendes Klappern und Poltern und gleich darauf schrien die jungen Burschen Zeter und Mordio.

Doktor Veylland schlüpfte in seine Pantoffeln und zog sich den Morgenmantel über den Schlafanzug. Im Hausflur liefen seine Diener zusammen, die soeben den Frieder hereinschleppten, an dessen bunter Flickenkutte der hölzerne Diener des Hutzelmannes hing. Groß wie Frieder war der Krebs angewachsen. Doktor Veylland staunte.

„Hannes-Banges lass ihn los! Alter Krebs, was machst du bloß?", rief er mit lauter Stimme. Doch der Holzkrebs ließ den Frieder nicht los. Er riss nur an Frieders Jacke.

Doktor Veylland packte den Krebs im Genick und zerrte und zog.

„Na los, Hannes-Zanges, gib den Frieder frei!", rief er. Frieder heulte inzwischen vor Angst und alle Diener im Haus bissen sich vor Schreck auf die Zungen. Doch der hölzerne Diener des Hutzelmannes hielt den Dieb fest in den Zangen.

„Hör auf zu heulen!" Doktor Veylland schüttelte Frieder. „Ich lass dich nach Hause laufen. Na, los, geh schon, und komm nie wieder in meinen Garten!" Doktor Veylland schob Frieder bis zur großen Gartentür. Dabei riss ein Stück von Frieders Jacke ab. Doch der Krebs blieb, wo er war.

„Helft mir! So helft mir doch!", rief der Doktor.

Wie gut, dass der Pechschwitzer, der Hutzelmann und Tröster plötzlich erschien und den Spruch richtig aufsagte:

„Zanges-Banges lass ihn gahn!
Wohl hast du dein Werk getan!"

Sofort ließ der Stiefelknecht den Frieder los. Doktor Veylland rieb sich die Stirn und bedankte sich bei dem Wichtel. Er gab ihm einen großen Korb voll reifer Äpfel, Birnen und Pflaumen mit.

Den frechen Frieder ließ er laufen. Der hatte genug vom Klauen und Frieders Freunde erzählten noch lange die Geschichte vom Zanges-Banges. Der saß längst wieder klein und stumm hinter der Haustür des Doktor Veylland und bewachte das reife Obst in dessen Garten.

Der Hutzelmann aber buk die köstlichsten Hutzelbrote und zauberte sogar welche, die immer wieder nachwuchsen, wenn man den letzten Rest nicht aufaß. Doch davon soll später erzählt werden.

Der geschnitzte Krebs war eigentlich dafür gedacht, dass sich die Männer ihre schweren Arbeitsstiefel leichter ausziehen konnten.

Früher gab es diese Hilfen vor dem Haus. Auf dem Rücken des Krebses konnte man sich den Straßendreck von den Sohlen kratzen. Das Märchen vom Hutzelmann hat sich der Dichter Eduard Mörike (1804–1875) ausgedacht. Er lebte in Stuttgart und verwob mehrere Geschichten zu einem langen Märchen.

Eduard Mörike schrieb viele Gedichte und gehört zu den bedeutendsten Dichtern der ausgehenden Romantik. Seine letzten Lebensjahre hat er als Pfarrer in Cleversulzbach verbracht. Dort gibt es seit den 1990er Jahren ein Mörike-Museum und einen „Mörike-Pfad". Anhand von 15 Tafeln oder Stelen mit Zitaten des Dichters kann man dort auf seinen Spuren wandeln. Im Mörike-Haus in Ochsenwang lassen sich Briefe, Zeichnungen und Pfarrberichte bewundern. Das Stadtmuseum Fellbach bietet mit dem Mörike-Kabinett eine Dauerausstellung zu diesem bedeutenden Dichter (Anfahrt über B 14).

Zwergenmützchen
oder warum Stuttgart so heißt

Im Neckartal stand vor vielen, vielen Jahren eine Mühle. Direkt am Fluss schaufelte sie Wasser mit ihrem großen Mühlrad und trieb damit das Räderwerk der Mühle an.

Der alte Müller hatte vier Kinder. Drei Jungen und ein Mädchen. Die Jungen hießen Gerwig, Herwig und Roland. Das Mädchen trug den Namen seiner Mutter, Annabelle. Leider lebte die Mutter nicht mehr. Doch Annabelle war der Liebling ihres Vaters. Mit den Jungen schimpfte der Müller den ganzen Tag.

Gerwig, der Älteste, vertrug den vielen Mehlstaub nicht. Er musste ständig husten. Darüber ärgerte sich der Vater. Herwig, der Zweite, war viel zu schwach, um die schweren Mehlsäcke zu schleppen. Er ging gebeugt wie ein alter Mann und musste sich immer wieder hinsetzen. Der Jüngste, Roland, aber war stark und fröhlich. Oft nahm er seinem mittleren Bruder den Sack ab und trug schnell zwei Säcke auf seinen Schultern in die Mühle.

Abends, wenn die Brüder vor Müdigkeit einschliefen, verließ Roland das Müllerhaus und wanderte in den Bergwald hinein. Er hörte dem Gesang der Nachtigallen zu und schlich sich nahe an die Waldlichtung, die mitten zwischen den Tannen lag. Dort weideten abends die wilden Pferde. Die Fohlen sprangen munter umher und die Stuten gaben Acht, dass ihren Kindern kein Leid geschah. Die Menschen in den Bauernhöfen nannten den Wald „Stuten-Wald" und die Lichtung nannten sie „Stuten-Garten".

Um Mitternacht kamen die Zwerge aus ihren unterirdischen Höhlen. Sie ritten auf den Pferden um die Wette. Ausgelassen warfen sie ihre Mützchen in die Luft und fingen sie wieder auf.

Einmal traf Roland einen Wanderer, der sich neben ihn setzte und ihn ansprach: „Kannst du die Zwerge sehen?" Der Wanderer war klein und hatte schwarze Locken.

„Manchmal ja, manchmal nein", antwortete Roland. „Sie sind so schnell, genau kann ich nicht feststellen, ob einer auf dem Pferd sitzt."

Der Wanderer lachte. „An der Schnelligkeit liegt es nicht. Achte genau darauf, ob der Zwerg, den du siehst, ein Mützchen trägt, oder nicht!"

Damit verschwand der Wanderer. Roland wusste nicht, wie das geschah. Wir aber wissen, dass der Unbekannte in Wahrheit das Hutzelmännlein war und niemand anderes.

Roland beobachtete das Wettreiten und Mützenwerfen der kleinen Erdbewohner. Dabei fiel ihm auf, dass er die Zwerge nur sehen konnte, wenn sie ohne Mützchen auf den Pferderücken saßen. Kaum aber fing ein Zwerg sein Mützchen und setzte es auf, verschwand er.

Da begriff Roland, dass es die Mützchen waren, die die Zwerge unsichtbar machten. Er erzählte seinen Brüdern, was er im Stuten-Garten, auf der Waldlichtung, beobachtet hatte.

„Wäre doch gut, wenn wir solch ein Mützchen fangen könnten!", sagte er. Sein ältester Bruder hustete sich den Mehlstaub von der Lunge und beschloss, in der nächsten Vollmondnacht, so ein kostbares Mützchen zu erhaschen.

Er versteckte sich in den Sträuchern am Rand der Wiese und wartete, bis ein Zwerg nahe an ihm vorbeiritt und sein Mützchen hoch in die Luft warf. Gerwig schoss aus dem Gesträuch und schnappte – beinahe das Zwergenmützchen. Doch der Zwerg war schneller.

„Diebio! Diebio!" kreischte er.

Da stürzten alle Zwerge wie ein wildgewordener Haufen Ameisen auf den armen Gerwig. Sie fesselten ihn mit feinen Stricken und trugen ihn in ihre unterirdischen Höhlen. Dort musste er ab sofort den Zwergen dienen, ihre Stuben sauber halten, für sie kochen, ihre Kleider bürsten und ordentlich aufhängen.

Immerhin war die Luft im Berg kühl und klar und nicht voller Mehlstaub wie in der Mühle. Doch Gerwig sehnte sich sehr nach seinen Geschwistern und bat die Zwerge, ihn zurück in die obere Welt zu entlassen. Doch die Zwerge blieben hart und schüttelten nur die Köpfe.

In der Mühle wurde die Stimmung kein bisschen besser. „Da hat der faule Schlingel sich auf und davon gemacht!", schimpfte der alte Müller nur und ließ seine beiden jüngeren Söhne noch härter arbeiten als zuvor.

„Ich halte es nicht länger aus!", seufzte Herwig schließlich. „Ich gehe zum Stuten-Garten am Rand der Berge und suche meinen Bruder."

„Aber gib Acht, die Zwerge sind schnell! Sie reiten auf den Stuten und …"

Herwig winkte mit der Hand. „Lass nur, Roland. Ich komme bestimmt zurück und bringe uns ein Zaubermützchen mit!"

Nun waren Annabelle und Roland mit dem knurrigen Vater allein. Beide warteten auf Herwig, doch dem war es nicht anders ergangen als seinem Bruder Gerwig. Kaum hatte er versucht, ein Mützchen aus der Luft zu greifen, da schnappte es ihm der Zwerg vor der Nase weg.

Laut schrie er: „Diebio! Diebio!" Da stürzten sich alle Zwerge wie wilde Ameisen auf den armen Herwig, wickelten ihn in feine unzerreißbare Fäden und schleppten ihn als Diener in ihre Höhlen. Dort traf er seinen Bruder Gerwig. Beide Brüder umarmten einander und weinten vor Glück, einander wiederzusehen. Doch leider merkten sie auch, dass sie nun nie wieder das Licht der Sonne erblicken würden.

„Nun muss ich wohl selbst versuchen, meine Brüder wiederzufinden!", sagte Roland, als er abends mit Annabelle und ihrem Liebsten, der Gottlieb hieß, auf der Bank vor der Mühle saß. „Es kommen kaum noch Bauern, die Korn mahlen wollen und das Mühlrad bewegt sich fast nicht mehr!", klagte Gottlieb.

Roland sprang auf. „Haltet durch!", rief er. „Heute ist Vollmond. Da wird es mir vielleicht gelingen!" Und Roland verschwand im tiefen Wald.

Als er an die Stuten-Wiese kam, sah er die Zwerge reiten und Mützchen in die Luft werfen. Er hörte sie lachen und miteinander scherzen. Roland versteckte sich in den Sträuchern am Rand des Waldes. Er wartete, bis ein unvorsichtiger Zwerg sein Mützchen dicht neben ihm fallen ließ. Doch Roland rührte sich nicht. Wutsch, schon hatte der Zwerg sein Mützchen aufgehoben und ritt davon.

Ein zweites Mützchen fiel neben Roland. Diesmal griff er so schnell zu, dass der Zwergen-Besitzer laut aufheulte und „Diebio! Diebio!" schrie. Roland aber hielt seine Beute fest in beiden Händen. Die Zwerge standen im Kreis um ihn herum und ließen die Köpfe hängen.

„Bitte, gib uns das Mützchen zurück. Bitte!", sprach der Anführer.

„Zuerst", sagte Roland, „will ich meine Brüder zurückhaben."

Da führten die Zwerge Roland in ihr unterirdisches Land, wo seine Brüder gerade das Nachtessen vorbereiteten.

„Holla! Was muss ich sehen?", rief Roland. „Meine Brüder bedienen euch?"

Die Zwerge nickten und schielten auf das Mützchen, das Roland in den Händen hielt.

„Sofort holt ihr schöne Kleider und deckt den Tisch für uns drei!"

Da wuselten und wimmelten die Zwerge, sie brachten Kleider für Gerwig und Herwig und stellten köstliches Essen auf den Tisch. Nach dem Essen ließ Roland sich die Schatzkammern der Zwerge zeigen und füllte beide Taschen voll mit Edelsteinen und Gold. Da heulten und jammerten die Zwerge so herzerweichend, dass sie Gerwig und Herwig leidtaten.

Doch Roland lachte sie aus. „Das ist der Lohn für die Arbeit, die ihr geleistet habt!", rief er.

Und dann schickte er die Zwerge, eine Kutsche mit Schmuck, kostbaren Gefäßen und Pelzen zu beladen. Außerdem ließ er für jeden Bruder eine eigene Kutsche mit den prächtigsten Pferden bespannen, und los ging's in die obere Welt zur Mühle, wo Gottlieb und Annabelle schon sehnsüchtig auf Roland und seine Brüder warteten.

Die Kutsche mit dem Schmuck bekam Annabelle zur Hochzeit als Brautgeschenk und der mürrische alte Müller erhielt einen dunkelblauen Rock aus feinem Stoff. Darüber schüttelte er den Kopf und murmelte nur: „Meine Söhne sind ja doch gute Kerle geworden!"

Nach der Hochzeit schenkte der Müller dem jungen Paar die Mühle. Herwig blieb bei Vater und Schwester wohnen, Gerwig und Roland aber machten sich auf die Wanderschaft.

Das Zwergenmützchen? Ob sie das den Zwergen zurückgegeben haben, weiß man nicht. Was meint ihr?

Das Märchen von den Zwergenmützchen erzählt Ludwig Bechstein in seiner Märchensammlung. Der Name der Stadt Stuttgart kommt von dem Begriff „Stutengarten" – ein Reitergestüt im 10. Jahrhundert. Man vermutet, dass die Stadt zwischen 926 und 948 durch den Bau dieses Gestüts, das sich im Nesenbachtal etwa fünf Kilometer südwestlich der Altenburg befand, begründet wurde.

Stuttgart ist rund um das Schloss aus vielen verschiedenen Orten zusammengewachsen und hat nach und nach das ganze Wiesental ausgefüllt, ehe es auch an den Bergen emporwuchs. Der Schlossplatz ist bis heute das „Herz" vom alten und neuen Stuttgart geblieben.

Das Kindermuseum Junges Schloss am Schillerplatz ist eine Institution des Württembergischen Landesmuseums im Alten Schloss. Ein lohnendes Ausflugsziel für die ganze Familie.

Die Geschichte vom Sepp und den geheimnisvollen Schuhen

Der Sepp hatte seine Sachen gepackt und hockte auf der Bettkante in seiner winzigen Kammer. Unten im Gesellenzimmer hörte er seine Freunde lachen und reden und er hörte das Klirren der Bierkrüge, wenn sie einander zuprosteten. Die anderen Schustergesellen waren fröhlich.

„Auf geht's!", sagte Sepp laut vor sich hin. „Der Meister kann mir eh nichts mehr beibringen und Arbeit finde ich draußen in der Welt so gut wie hier in Stuttgart."

Dennoch hatte Sepp ein trauriges Herz. Er war in Stuttgart geboren und groß geworden. Leider waren seine Eltern an einem schlimmen Fieber gestorben. Seine Taufpatin, die Dott, hatte ihn bei sich wohnen lassen. Nie war er weiter gewandert als bis auf die Hügel, zwischen denen die Stadt liegt. Die weite Welt lag finster vor dem Sepp. Der hörte plötzlich ein feines Knistern, als käme jemand ins Zimmer geschlichen. Er rieb sich erstaunt die Augen.

„Guten Abend, Sepp!"

Auf dem Bett gegenüber saß plötzlich der Pechschwitzer, der Hutzelbäcker, der Tröster. Er trug seinen spitzen Hut auf dem Kopf und hatte den dunkelroten Samtrock an. In den Händen hielt er Schuhe. In jeder Hand ein Paar.

„Du bist ein guter Junge, Sepp", sagte der Hutzelmann. „Darum will ich dir zwei Paar Schuhe mit auf deine Wanderschaft geben. Ich hab sie selbst gemacht! Wenn du aus der Stadt bist, stell ein Paar auf die Brücke, das andere Paar zieh selbst an. Und nun geh und fahre wohl!"

Der Pechschwitzer reichte dem Sepp noch ein schönes, rundes, frisch gebackenes Hutzelbrot, das fein duftete. „Iss es niemals ganz auf, hörst du? Aus dem letzten Kanten wächst das Brot wieder nach!", sagte der Tröster. „Ach, und in den Bergen schau dich gut um. Vielleicht findest du ein Bleilot. Das bring mir bitte mit!" Sepp bedankte sich und versprach, nach dem Lot zu schauen.

Damit verschwand der Wichtel, wie er gekommen war. Sepp steckte das Brot in die Tasche, packte die Schuhe, die aus feinem blauen und weißem Leder genäht waren, in seinen Wandersack, nahm den Sack huckepack und verließ das Haus.

Es war noch dunkle Nacht. Nur der Mond lugte über die Hausdächer und am Kirchturm vorbei. Dem Sepp tat das Herz weh vor Traurigkeit, weil er seine Heimatstadt liebte. Doch er schritt beherzt bergauf und erreichte die Straße, die über die Dörfer der Alb führte, als eben die Sonne überm Wald aufging.

Dem Sepp knurrte der Magen und er dachte an das frische Hutzelbrot. Also suchte er sich einen Platz nahe der Neckarbrücke, packte das Brot aus und biss hinein. Als er satt war, zog er zwei von den vier Schuhen aus seinem Rucksack und schlüpfte hinein. Die beiden anderen aber stellte er auf das Brückengeländer.

Die Schuhe fühlten sich gut an. So, als seien sie genau für seine Füße gemacht. Zufrieden wanderte Sepp weiter und dachte nicht an das zweite Paar Schuhe, das auf dem Geländer der Brücke stand.

Doch genau das hätte er tun sollen, denn Sepp hatte einen Fehler gemacht: Er hatte einen Schuh vom zweiten Paar angezogen und der lenkte nun die Gedanken und den Weg des jungen Schusters. Sepp überlegte nämlich, ob er nicht besser einen anderen Beruf ergreifen sollte. Sein falscher Schuh war für ein Mädchen gemacht und wollte darum ständig treten, als ob er ein Spinnrad drehen würde. Das brachte den Sepp auf die Idee, er könnte ja ein Scherenschleifer werden und ein dickes Rad drehen. Im Gehen murmelte er vor sich hin: „Ich werd Scherenschleifer!" So wanderte er weiter Richtung Ulm. Über die Dörfer Böhringen, Zainingen, Feldstetten und Suppingen. Sein linker Fuß tat ihm ganz schön weh, der Schuh war zwar gedehnt, aber er drückte ihn doch, und dass er ständig treten wollte, nervte den Schuster. Zum Glück überholte ihn ein Bauernwagen, der ihn aufsitzen ließ.

So gelangte der Schuster an den Blautopf, die Quelle des Flüsschens Blau, die sich in einen kreisrunden See ergoss. Dort lernte er den alten Hans kennen, der ihn gern mochte und ihm gegen eine dicke Scheibe Schnitzbrot eine wunderschöne silberne Haube schenkte.

„Heb sie auf für deine Liebste!", lachte der alte Hans.

Anderntags wanderte Sepp weiter und kam tatsächlich in der Stadt Ulm an. Dort saß er am Abend bei einer Gruppe junger Leute, die ein Lied mit vielen Strophen sangen. Jeder am Tisch musste seinen Beruf in einem Verslein besingen. Und wie Sepp an die Reihe kam, spürte er sein Herz schwer werden. Und sein linker Fuß wurde heftig vom Schuh gezwickt.

„Gebt meinem Stand die Ehr – den Schuster braucht man sehr!", sangen die jungen Leute. Sepp nahm seinen Bierkrug und sprach leise und freundlich zu den Tischgenossen: „Auch ich bin ein Schuster!"

Schon wussten die anderen von einer jungen Frau, deren Mann kürzlich verstorben war, die einen Schuster suchte. So kam es, dass Sepp bei der Witwe in Dienst trat. Die junge Frau mochte Sepp und auch ihm gefiel sie gut. Ja, er hatte sich Hals über Kopf in die Meisterin verliebt. Aber er hatte keine Ahnung, wie er ihr das sagen könnte.

Einmal rief sie ihn, damit er ihr helfen sollte, die Ketten von frischen Würsten in den Kamin zu hängen. Schnell kletterte der Sepp auf einer Leiter in den Rauchfang. Die Meisterin stand unten neben dem Herd. Da endlich wagte er es und gestand ihr im dunklen Kamin seine Liebe. Die hübsche Meisterin nahm ihn in die Arme und drückte und küsste ihn herzlich, sobald er wieder in der Küche stand.

Von nun an waren sie zusammen. Der Sepp fühlte sich schon ganz wie ihr Ehemann und plante, was er im Haus ändern wollte, und wen er in der Schusterwerkstatt entlassen oder neu einstellen würde.

Seltsam war nur, dass die Schuhe, die er vom Hutzelmann bekommen hatte, in jeder Nacht ganz schrecklich tobten. Sie scharrten und polterten in ihrem Kasten umher, dass Sepp und die anderen Gesellen wach wurden. Die anderen wussten nichts vom Zauber, der auf Sepps Schuhen lag. Sie überlegten miteinander, woher die Geräusche wohl kommen könnten.

„Es ist der Marder", behaupteten sie. „Er hat sein altes Schlupfloch gefunden. Wahrscheinlich hat er Junge!"

Da schlich Sepp sich in die mondhelle Nacht hinaus und suchte einen schweren Stein, den er auf die Schuhe legte. Von da an war Ruhe.

Einmal saß der Sepp mit seiner Liebsten bei einem Glas Wein zusammen. Sie aßen von Sepps wunderbarem Schnitzbrot und Sepp erzählte von seiner Heimatstadt Stuttgart. Seine Verlobte hörte höflich zu, hielt den letzten Rest Hutzelbrot in den Händen und spielte damit. Im Fenster stand ein Käfig, in dem saß ein schneeweißer großer Vogel, der hatte noch nie ein Wort gesprochen, obwohl er angeblich alles sagen konnte. Diesem Vogel gab die Frau den Brotkanten. Der Sepp erschrak darüber, denn nun hatte er kein Schnitzbrot mehr. Der Vogel aber fraß das Brot und plötzlich rief er:

„Gut, gut, gut – ist des Hutzelmanns Brot. Wer einen hat umgebracht und zween, schlägt auch den dritten tot."

Da erschrak Sepp, dass ihm fast das Herz stehen blieb. Er schaute seine Verlobte an, wollte sie fragen, was der Vogel wohl gemeint habe. Doch die hübsche junge Frau starrte nur kreidebleich aus dem Fenster.

Am anderen Tag war Sonntag und die Meisterin kam nach dem Kirchgang nicht gleich zurück. Sepp wollte nach dem Vogel sehen und ging ins Wohnzimmer. Mitten auf dem hellen Teppich war ein Blutfleck. Doch das große Vogelbauer war leer. Was hatte der Vogel gesagt? Der Sepp schüttelte sich. Auf dem Sessel lag die silberne Haube, die er gestern seiner Verlobten geschenkt hatte. Schnell steckte er sie in die Jackentasche. Dann verließ er kopfschüttelnd das Haus.

Vor der Lieblingskneipe traf er seinen besten Kumpel. „Na, Sepp, ist's aus mit der Liebelei?", fragte der. Sepp aber ließ nur den Kopf hängen. Da hakte der Freund ihn unter und beide liefen an der Donau entlang. Der Kumpel erzählte ihm, dass sich alle schon gewundert hätten, wie Sepp mit der

Meisterin zusammen sein konnte. Die hätte beinahe ins Gefängnis gemusst, weil ihr zweiter Mann eines unnatürlichen Todes gestorben sei.

„Und der erste?"

„Auch der hätt gut auf der Liste der schönen Witwe stehen können", meinte sein Kumpel. Sepp hörte gar nicht mehr zu. Er wollte nur noch weg!

Sobald es dunkel war, schlich er in seine Kammer, hob den Feldstein von des Hutzelmanns Schuhen, packte seine Sachen zusammen und verließ traurig und mit schwerem Herzen das Haus der schönen Witwe, das ihm doch schon beinahe gehört hätte. „So bin ich mit schwerem Herzen aus Stuttgart weggezogen", murmelte der Sepp vor sich hin. „Und jetzt wandere ich genauso betrübt wieder zurück! Was werden nur meine Freunde von mir denken?"

Unterwegs geriet er im Gebirge vom Weg ab und die silberne Haube rutschte ihm beim Klettern aus der Tasche. Wie er danach suchte, griff er in eine Felsenspalte und zog mitsamt der Haube ein Bleilot heraus. Da erst fiel ihm wieder ein, dass der Hutzelmann ihn darum gebeten hatte, nach genau diesem Lot zu suchen! Vergnügt hängte er sich den Sack mit dem Lot über die linke Schulter und wunderte sich, dass die Leute sich verwirrt umschauten, wenn er sie grüßte. Das Bleilot machte nämlich unsichtbar, wenn man es auf der linken Seite trug!

So kam der Sepp todmüde vom langen Wandern morgens früh vor das Haus seiner Patentante. Die freute sich, gab ihm zu essen und ließ ihn erst einmal ausschlafen. Dann aber nahm sie ihn mit zum Schloss. „Denn dort", sagte sie, „feiert die Tochter des Grafen Eberhard Hochzeit." Der Sepp zog schnell sein bestes Sonntagsgewand an und schnürte seine Schuhe, die er vom Hutzelmann für die Wanderschaft bekommen hatte. Und der Hutzelmann, der Tröster, stand auch wirklich vor ihm, so geheimnisvoll, wie er immer auftauchte. „Hast du mir etwas mitgebracht?", fragte der Wichtel. „Ei, freilich", antwortete Sepp und zog das Lot aus seinem Wandersack.

Der Wichtel freute sich und puhlte gleich einen Krakenzahn aus dem Bleilot heraus. „Den schenk dem Grafen", murmelte er geheimnisvoll, schob ihn dem Sepp in die Hosentasche und verschwand. Sepp aber dachte nicht weiter über den Zahn des Kraken nach, sondern beeilte sich, hinter seiner Patin herzulaufen, um auf das Fest zu kommen. Dass er dort sein Glück machen sollte, ahnte er nicht! Wir aber werden es bald erfahren.

Das Hutzelbrot ist eine schwäbische Spezialität. Es wird vor allem im Winter gebacken und besteht aus vielen getrockneten Früchten, die man in den Brotteig hineinbäckt.

Nicht jeder Bäcker kann gutes Hutzelbrot backen. Die Einheimischen wissen genau, wo sie es einkaufen müssen. Das ist auch mit den Brezeln so.

Das Hochzeitsfest fand natürlich auf dem Schlossplatz statt. Und zwar sicher beim Alten Schloss. Das Schloss (1746–1791) ist ein dreiflügeliger Spätbarockbau, an den sich der Königsbau mit einem 135 Meter langen Säulengang wie ein griechischer Tempel anschließt. Nordöstlich davon erstreckt sich der Schlossgarten und darin das Planetarium.

Hauben trugen früher verheiratete Frauen. Der Spruch: „Unter die Haube bringen" kommt von diesem Brauch. Das Schuster-Handwerk gehörte traditionell zu Stuttgart. Auch dass die Gesellen auf Wanderschaft zogen, bevor sie sich als Meister niederließen, war üblich. Mit dem Bleilot konnte man senkrechte Wände abmessen. Es galt als ein wertvolles Utensil. Mehr Informationen zum Blautopf gibt es im Kasten nach der Geschichte von der schönen Lau.

Die Geschichte der Vrone Kiderlen

Vrone Kiderlen war ein hübsches junges Mädchen, das dem Schuhmacher Bläse half, die Werkstatt sauber zu halten.

Erinnert ihr euch noch an den Tag, als Sepp das zweite Paar Schuhe auf das Geländer der Neckarbrücke stellte? Es war Vrones Geburtsag. Sie kam fröhlich aus der Stadt und wollte in den Wald, um Himbeeren zu pflücken, die zu dieser Jahreszeit reichlich am Waldrand wuchsen. Auf dem Brückengeländer standen die Schuhe nicht mehr. Ein Seifensieder hatte sie unter die Brücke in den Schatten gestellt. „Die wären gut für meine Frau!", hatte er sich gesagt. „Auf dem Rückweg nehm ich sie mit!"

Die Vrone hörte etwas platschen und lief zum Fluss hinunter. „Neue Schuhe?", rief sie. Ob sie mir wohl passen?" Und weil Vrone die Tochter einer Witwe war, die nicht viel Geld hatte, kam es ihr vor, als habe ihre Namenspatronin, die heilige Veronika, ein kleines Wunder gezaubert.

Schnell zog sie ihre alten Schuhe aus und schlüpfte in die neuen. Sie passten sich sofort ihren Füßen an. Und natürlich hatte Vrone nicht die leiseste Ahnung, dass die Schuhe gar nicht wirklich zusammenpassten.

Am Waldrand stand schon eine alte Frau, die Himbeeren pflückte. Vrone stellte sich dazu und merkte gar nicht, dass ihr Glücksschuh eine Halskette aus dem Moos zog und sich darin verwickelte. Es war nämlich so, der linke Schuh zog glückliche Zufälle an, der rechte aber sorgte dafür, dass Vrone vom Pech verfolgt wurde.

Während Vrone also nur an die Himbeeren dachte und eifrig pflückte, streifte der rechte Schuh das Nuster wieder ab. Das sah die alte Frau, hob es auf, steckte es in ihre Schürzentasche und machte sich mit ihrem Fund

schnell auf den Heimweg. Kaum in der Stadt, hörte die alte Frau den Boten des Grafen verkünden, die jüngste Grafentochter habe gestern am Waldrand ein Perlennuster verloren.

„Wer`s findet und wiederbringt, erhält eine Belohnung!" Da eilte sich die alte Frau, legte das Halsband in eine Schachtel und hastete ins Schloss. Irmengard, die Grafentochter, riss ihr die Schachtel fast aus den Händen. Doch wie erschrak sie, als sie darin nur sieben zierliche Mäuseschwänze fand, die wie ein Halsband ineinander geschlungen waren. Sie fiel vor lauter Schreck in Ohnmacht!

Die alte Frau lief davon, wurde aber von der Palastwache festgehalten und ausgefragt. Doch sie hatte Glück, der Graf wollte keine große Sache daraus machen und ließ sie gehen.

Vrone hatte nur wenig Freude mit den neuen Schuhen. Es war ganz eigenartig. Mal stolperte sie auf der Bleichwiese über einen Stotzen, der im Gras steckte und fiel der Länge nach auf den Bauch, mal fand sie einen silbernen Knopf. Ein anderes Mal ein frisch gelegtes Gänseei. Dafür aber machte sie

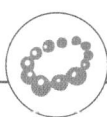

beim Tanzen seltsame Sprünge, so dass alle aus dem Takt kamen und über die ungeschickte Vrone lachten.

„Das liegt sicher an diesen neuen Schuhen!", schüttelte ihre Mutter den Kopf. „Zieh deine alten Schuhe an. Dann werden wir ja sehen, was geschieht." Und wirklich hörten die merkwürdigen Unfälle auf. Schließlich schickte ihre Mutter sie zum Meister Bläse, damit er ihr neue Schuhe anmessen solle.

Nun sahen aber die gefundenen Schuhe sehr fein genäht aus und waren mit rotem Leder gefüttert. Vrone zog sie an, als sie zum Bläse ging, um sich das Maß für die neuen Schuhe zu holen. Der Meister ließ sich erzählen, was Vrone gegen die gefundenen Schuhe hatte, wiegte sein Haupt und dachte bei sich: „Da hat sie Glücksschuhe gefunden. Und kann nicht damit umgehen!" Und der Schuhmacher erzählte es beim Mittagessen seiner Frau und seiner Tochter.

Sara, die Tochter von Meister Bläse fasste schnell einen Plan: „Ich tausche die Schuhe aus", schlug sie vor. „Am Waschplatz stehen wir alle barfuß, da wird es mir leicht gelingen, Vater. Vrone hat genau dieselbe Schuhgröße wie ich. Du brauchst nur ein gleiches Paar zu nähen. Das geben wir ihr dann!" So machten sie es.

Und wirklich merkte Vrone erst zu Hause den Tausch. In der Nacht nähte Bläse rasch ein Paar gewöhnliche Schuhe, die er Vrone gab, als sie mit Saras alten Schuhen kam, um ihre Zauberschuhe wiederzuholen. Von nun an hatte Sara genauso viel Pech wie Vrone es zuvor gehabt hatte. Bald war sie es leid. Bei der nächsten Wäsche tauschte Sara die Schuhe des Hutzelmanns gegen die neuen, gewöhnlichen, die ihr Vater genäht hatte.

Das Haus des Schusters Bläse stand nahe am Löschteich und einmal wachte die Frau des Meisters auf, weil es draußen platschte und spritzte. Als sie und ihr Mann, den sie geweckt hatte, hinausschauten, schwammen viele Schuhe im Löschwasser des Teiches und vom Dachboden sprangen

beiden vertauschten Schuhe aber hüpften ganz von selbst von ihren Füßen und jeder Schuh fand seinen richtigen Partner. Die vielen Menschen klatschten Beifall, johlten und riefen Vivat!

Der kleine, schwarzlockige Mann aber war niemand anders als der Tröster, der Hutzelmann, der Pechschwitzer. Er hatte einen Leinensack mit drei Laiben Hutzelbrot als Preis für die mutigen Menschen ans Ende des Seils gebunden. Hand in Hand traten die beiden jungen Leute zum Balkon des Grafen und wurden reich beschenkt. Vrone fühlte plötzlich das Perlennuster in ihrer Schürzentasche und überreichte es der Irmengard. Wie es da nur hineingeraten war? Sepp schenkte dem jungen Fürsten den Krakenzahn, den er in seiner Jackentasche fand.

Mit einem Beutel voll goldener Taler gründeten Vrone und Sepp ihren Hausstand. Sie lebten lange Jahre glücklich und hatten einander von Herzen lieb im Kreis ihrer Kinder.

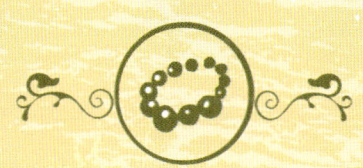

Neue Schuhe bekamen die Kinder und Diener an Nikolaus und zu Weihnachten. Ein Nuster ist eine Halskette und der Stotzen ist ein Stück Holz, mit dem man nasse, weiße Leinentücher auf dem Rasen zum Trocknen und Bleichen feststeckte.

Mitten in Stuttgart, unweit vom Schloss steht das nach dem Krieg neu erbaute Rathaus am Marktplatz mit historischer Vergangenheit. Hier wurde im Märchen das große Fest gefeiert. Heute finden dort neben den regelmäßigen Erzeugermärkten zahlreiche Veranstaltungen rund ums Jahr statt.

Die Schöne Lau

Der Blautopf ist ein kreisrunder See, so tief, dass sein Wasser völlig dunkelblau aussieht, als hätte jemand ein Fass voll königsblauer Tinte hineingeschüttet. Wenn man es schöpft, ist es glasklar und durchsichtig. Auf dem Grund des Blautopfes wohnte eine Wasserfrau mit langen, blauschwarzen, fließenden Haaren. Sie war von ihrem Mann, einem alten Wassernöck, in den Blautopf verbannt worden, weil sie niemals lachte und keine Kinder bekommen konnte. Sie war sehr schön und hatte zwischen den Fingern und Zehen blütenzarte Schwimmhäute. Eine uralte Wasserhexe hatte ihrem Mann prophezeit, die Schöne Lau müsse erst fünfmal gelacht haben, ehe sie Kinder bekommen könne. Da die Schwester des Wassernöcks nahe dem Städtchen Blaubeuren lebte, schickte der Nöck seine junge, traurige Frau also in den Blautopf und mit ihr ein Hofgesinde von Wassernixen, die sie aufheitern sollten.

Der erste Mensch, der die Wasserfrau sah, war ein kecker Hirtenbub. Er rief ihr zu: „Na, Laubfrosch, gibt's guats Wetter?" Da schoss die Lau aus dem Gumpen, packte den kleinen Kerl im Genick und schleppte ihn in eine Felsenkammer in ihrem Unterwasserschloss. Doch der Hirtenbub befreite sich, irrte durch Gänge und über Treppen, bis er schließlich wieder an die Erdoberfläche kam.

Danach hätte man vielleicht nie wieder etwas von der Schönen Lau gehört, wenn nicht Frau Betha, die Wirtin der Schänke des Nonnenhofes, den Eingang zum Unterwasserschloss mit Kürbiskernen bepflanzt hätte. Im Sommer rankten und blühten die Kürbisse so schön, dass die Wasserfrau einen „Habergeis", einen Brummkreisel, nahm, der aus hellem Amethyst gemacht war. Als Frau Betha mit ihrer Tochter Jutta im Keller war und Wein abfüllte, stieg die Schöne Lau aus dem Brunnentrog und hielt ihnen den Habergeis hin, um sich zu bedanken. Dazu sprach die fürstliche Wassernixe:

„Die Wasserfrau ist kommen, gekrochen und geschwommen. Durch Gänge steinig, wüst und kraus, zur Wirtin in das Nonnenhaus. Sie hat sich meinethalb gebückt, mein Topf geschmückt mit Früchten und mit Ranken. Dafür will ich ihr danken."

Der Kreisel konnte so wundersame Musik machen, dass streitlustige Menschen sich sogleich beruhigten. Wollte man, dass er aufhörte zu singen, brauchte man nur ein Tuch über ihn legen. Frau Betha freute sich sehr über den Kreisel und lud die Wasserfrau ein: „Kommt doch einmal zu uns zu Besuch!"

Ihre Tochter Jutta brachte ein großes Tuch, in das sie die Lau wickelte, führte sie in ihre Kammer und zeigte ihr alle Kleider, die sie hatte und die sie gern der Wasserfrau ausleihen wollte. Wie Jutta der Lau die Füße abtrocknete, kitzelte es sie und sie musste lachen. „Ob das gegolten hat?", fragte die Wasserfrau. Aber Frau Betha wiegte nur den Kopf. Die Lau hatte ihr erzählt, was geschehen musste, bevor sie wieder in ihre Heimat zurückkehren durfte.

Die Schöne Lau nahm nur einen alten Rock, eine Jacke und ein Leibchen. Schuhe brauchte sie nicht. Sie freute sich über die Dinge, die die Menschen in der Küche verwendeten, und als sie in der Wohnung der Söhnerin war, deren kleines Kind auf einem Stühlchen saß, das unterm Sitz ein gläsernes Töpfchen hatte, staunte sie, verzog plötzlich die Nase, lachte aber herzlich und verstand, wofür Topf und Stuhl gebraucht wurden.

Von da an kam die Lau öfter ins Haus. Und Steffen, der ältere Sohn, verband eine Glocke mit einem langen Seil, das bis in den Brunnen reichte, damit die Schöne Lau sich bemerkbar machen konnte.

Die Lau saß dann still in der Ecke, wenn die jungen Frauen beisammensaßen, woben und spannen. Sie hörte zu, wenn sie einander von ihrem Leben berichteten oder lustige Geschichten erzählten. Und sie schaute freundlich mit ihren großen dunkelblauen Augen. Traurig blieb sie trotzdem.

In der Zeit zwischen Weihnachten und Neujahr aber war sie sehr nervös, denn dann kam eine Delegation von ihrem Mann. Als sie anklopften, riefen die Wassernixen: „Wer pochet, dass einem das Herz erschrickt?" Und die Boten antworteten: „Der König schickt! Gebt uns wahrhaftigen Bescheid, was Gutes ihr habt geschafft die Zeit." Da antworteten die Nixen: „Wir haben die lustigsten Lieder gesungen. Wir haben getanzt, gehüpft und gesprungen! Gewonnen war es um ein Haar! Kommt liebe Boten übers Jahr!"

Da zogen die Nixen, Männer wie Frauen, wieder zurück dorthin, wo der König sein Schloss hatte. Dorthin, wo sich das Wasser der Donau mit dem Meer vermischte.

Einmal träumte die Lau eine lustige Geschichte und lachte dabei im Traum. Als sie der Frau Betha davon erzählte, schaute die Wirtin leicht säuerlich und die Lau wurde traurig und sagte: „Der Traum hat euch nicht gefallen, Frau Betha." Schnell schlüpfte sie wieder durch den Brunnen in ihr Schloss zurück.

An diesem Tag gab es ein heftiges Gewitter mit starkem Regen. Der Pater, der für die Wirtschaft zuständig war, rief dem Koch zu: „Schnell, verwahrt euren Keller! Sonst schwimmen eure Weinfässer weg! Die arge Lau ist wütend und lässt den Blautopf überlaufen!"

Der Koch war aber ein Spaßvogel und der jüngste Sohn der Wirtin. Er hatte die Idee, eine Sperre aus Holz über das Rinnsal zu stecken, wie man sie damals ans Bett stellte, damit niemand aus dem Bett fallen konnte. Die Sperre nannte man „Bettscher". Wie die Lau in ihrem Ärger das sah, musste sie so herzlich lachen, dass man es bis zur Frau Betha hörte.

An einem anderen Abend erzählten die Mädchen vom Bleilot, mit dem sein Besitzer den Grund des Blautopfs ausmessen wollte. Die Schöne Lau lächelte, denn ihre Lieblingsnixe Aleila und sie selbst hatten sich einen Scherz erlaubt, als das Lot auf dem Grund des Topfes ankam. Sie hatten das Lot abgeschnitten und eine dicke Zwiebel an das Seil geknüpft. Im Lot steckte ein Krakenzahn, der unsichtbar machen konnte. Damit der Besitzer des Lots und des Zahns entlohnt wäre, knüpfte die Lau schnell noch ihre Perlenkette und die goldene Schere zur Zwiebel an das Seil und Aleila stieg hinter dem Lot her nach oben und weidete sich am Schrecken des alten Mannes. Leichtsinnig streckte sie die Arme aus dem Wasser spreizte die Finger, dass man die blütenzarten Schwimmhäute sah und hatte ihren Spaß.

Wie die jungen Leute die Geschichte hörten, fiel einem von ihnen der Zungenbrecher ein: „S' leit a Klötzle Blei glei bei Blaubeuren!" Alle versuchten es und stolperten über die Wörter. Zuletzt versuchte es die schöne Lau und natürlich verhedderte sie sich und lachte so hell wie ihre Zähne waren, die man alle sah! Doch mitten in diese fröhliche Runde stürzte der ältere Sohn von Frau Betha in die Stube und rief: „Um Gottes willen, schickt die Lau nach Haus, der Blautopf leert sich aus und im Berg grollt es, als wenn gleich die Sintflut käm!"

Die Lau erschrak und rief: „Das ist mein Gemahl, der Meerkönig! Und ich bin nicht zu Haus!" Damit fiel sie ohnmächtig vom Stuhl.

Da war nun guter Rat teuer! In den Brunnen konnten sie die Bewusstlose nicht werfen, sie würde sich an dem rauen Gestein verletzen! Der lustige Koch steckte den Kopf zur Tür herein und meinte: „Ich trag sie zum Blautopf, da wird die Ente schon schwimmen!" Jutta hockte weinend neben der Wasserfrau. Ihr Bruder drückte ihr eine Laterne in die Hand. „Nicht heulen!", rief er. „Geh vor mir her und leuchte!"

Am Gumpen fanden sie drei Wasserfrauen, die ängstlich nach der Schönen Lau Ausschau hielten. Jutta stellte die Laterne ab und der Koch Xaver setzte behutsam die Lau an den Rand des Wassers. Da überfiel ihn ein lustiger

Gedanke. – „Was, wenn ich die Wasserfrau küsse?" – Xaver wusste ja nicht, dass es der letzte Punkt war, den die Meerhexe prophezeit hatte. Er küsste die Lau auf den Mund und im selben Moment löschte ein Schluck Wasser, eine kleine Welle, das Licht der Laterne. Die Lau aber lachte so laut und fröhlich wie noch nie.

Die drei Nixen nahmen ihre Herrin in Empfang und gaben Jutta den Rock, die Jacke und das Leibchen zurück. Sie erzählten auch, dass der Meerkönig in der Schlucht sei, die sich gerade mit Wasser fülle. Drei Stunden nach Mitternacht tönte die Glocke. Da tauchte die Schöne Lau aus dem Brunnen auf und verabschiedete sich mit vielen Geschenken von den Menschen, bei denen sie gelacht hatte, und sie versprach übers Jahr mit ihrem kleinen Sohn zu Besuch in den Nonnenhof zu kommen.

Manche Begriffe kennen wir heute gar nicht mehr. „Habergeis" kommt von heben, weil der Kreisel hüpfende Bewegungen macht. „Söhnerin" ist ein alter Ausdruck für die Frau des Sohnes. Ein „Gumpen" ist eine Wasseransammlung mit kesselartiger Vertiefung. Der Blaubeurener Blautopf wird gerne von Touristen besucht. Eine Steinskulptur am Ufer erinnert an die schöne Wassernixe. Noch heute soll sie an manchen Tagen in den Tiefen des Quelltrichters kurz zu sehen sein. Übrigens hat Mörikes Schöne Lau deshalb Füße, weil sie halbmenschlicher Herkunft ist. Nixen können sowohl weiblich als auch männlich sein; die Männer werden auch Nöck genannt.

Genau wie im Märchen, gibt es ein Gasthaus am Blautopf und ein Kloster, in dem Mönche lebten. Unter www.blaubeuren.de/de/Tourismus/Blautopf sind Ausflugstipps (wie Hammerschmiede, Höhlensystem Blautopf, Blautopfbähnle) zusammengefasst (Anfahrt über A 8).

Die sieben Schwaben

Im Wiesental, wo jetzt die Stadt Stuttgart liegt, stand vor langer Zeit ein Gasthaus. Dort kehrten die wandernden Handwerksburschen ein. Der Wirt hieß Franz Allgäuer und war selbst auf seiner Wanderschaft in diesem Gasthaus eingekehrt und geblieben. Als der Besitzer starb, übernahm Franz Allgäuer die Wirtschaft.

An jenem Abend nun klopfte ein Bäckergeselle aus Überlingen am Bodensee ans Tor. Die anderen Gesellen, mit denen er gewandert war, hatten ihn „Seehas", also See-Hase genannt. Er war den ganzen Tag über gelaufen und reichlich müde. Er ließ sich am runden Tisch nieder und bestellte Suppe und ein großes Glas Wasser.

„Wer wird denn hier Wasser trinken?" Sein Tischnachbar, ein kräftiger Kerl mit wilden dunklen Haaren stupste ihn mit dem Ellenbogen in die Seite. „Der Allgäuer hat guten Most!" Damit schob er ihm einen Steingutkrug hin, zog die Nase hoch und wischte sich mit dem Ärmel darüber. Der müde Bäckergeselle murmelte nur: „Ich trink immer nur Wasser!", setzte seinen Krug an den Mund und schluckte.

Die anderen, die mit ihm am Tisch saßen, lachten und sein Tischnachbar rief dem Franz Allgäuer zu: „Bring dem Neuen einen Krug Most, ich zahl`s!" Der Wirt brachte ihm eine Schüssel voll Gemüsesuppe und einen Krug Most. Der Seehas hing gleich mit dem ganzen Gesicht im Suppenteller und schlürfte laut bei jedem Schöpfer, den er tat. Zwischendurch griff er nach seinem Krug, um zu trinken. Doch der wilde Kerl, der „Spiegelschwab" genannt wurde, hatte heimlich den frischen Mostkrug dorthin gestellt, wo der Wasserkrug gestanden hatte. So trank der müde Seehas in großen Zügen den süßen, halbvergorenen Most. Der Schwarzhaarige stupste seinen Tischnachbarn wieder an, wischte sich mit dem Ärmel über die Nase und lachte. „Na, hat`s geschmeckt?"

„Ha, jo", murmelte der Seehas, der ein bisschen einfältig war. „Hab nicht gewusst, dass die Stuttgarter so süßes Wasser ham!"

Jetzt lachten auch die anderen Gesellen, die mit am runden Tisch saßen. „Gut gemacht, Spiegelschwab!", rief einer, der auch nicht grade die Weisheit mit Löffeln gegessen hatte. Er war Maler von Beruf und kam aus Ulm. Weil er sehr langsam von Begriff war, nannten ihn die anderen „Blitzschwab", was ja genau das Gegenteil bedeutet. Den wilden Dunkelhaarigen riefen sie „Spiegelschwab", denn am Ärmel, dort, wo er ständig seine Nase abwischte, war der Stoff blank wie ein Spiegel. Der Ulmer Blitzschwab und der Spiegelschwab, der aus Memmingen kam, machten sich nun einen Scherz daraus, den Krug des Überlinger Seehasen mit Süßmost wieder nachzufüllen. Der Seehas wurde immer gesprächiger und erzählte von seiner schönen Bodensee-Heimat. „Und warum kommst du dann in den rauen Norden?", fragte der Blitzschwab mit seiner langsamen und bedächtigen Stimme.

Da beugte sich der Seehas ganz nahe zu seinen Tischgenossen und flüsterte: „Wegen dem Ungeheuer! Ich bin geflohen, es war mir zu gefährlich geworden am See."

„Was denn für ein Ungeheuer?" Plötzlich spitzten alle die Ohren.

„Na, das schreckliche Seeungeheuer!", rief der Seehas und schob seine leere Suppenschüssel so heftig von sich, dass sie bis ans andere Ende des Tisches rutschte und der Löffel klirrend zu Boden fiel. Sogar der Allgäuer ließ die Krüge im warmen Wasser schwimmen, trocknete seine Hände ab und kam zum runden Tisch.

„Ich hab davon gehört!", sagte er. „Es soll Ohren haben, lang und spitz wie die Glockentürme der Kirchen am See."

„Oh, sprecht nicht davon, Herr Wirt!" Der Seehas hielt sich mit beiden Händen die Ohren zu. „Hast du es selbst gesehen?", schrie der Spiegelschwab und putzte seine Nase in den Ärmel.

„Der hört doch nichts", mischte sich ein drahtiges Kerlchen ein. „Der hält sich geradewegs beide Ohren zu!" Der kleine Mann sprach im melodischen Singsang der Freiburger Gegend, er fummelte nervös an den Knöpfen seiner Weste herum. „Lass doch, du reißt dir noch den letzten Knopf ab, Nestleschwab!", schimpfte der große dünne Kerl, der mit dem Kleinen zusammengekommen war, im selben Dialekt. „Lass mich in Ruh, Gelbfüßler!", giftete da plötzlich der Seehas und nahm die Hände von den Ohren. „Ich hab das Untier halbwegs gesehen. Es ist riesengroß und hat eine furchtbare Stimme!" „Erzähl, erzähl!", riefen alle durcheinander und der Allgäuer füllte schnell den Krug des Seehasen mit Most auf.

Der Seehas war jetzt so richtig in Fahrt. „Aus den Augen schießt es Blitze!", rief er und warf die Arme auseinander, so dass er seine Nachbarn, den dunkelhaarigen Spiegelschwab und den langsamen Blitzschwab kräftig vor die Brust boxte. Die beiden meinten aber, sie hätten sich gegenseitig geboxt und fielen übereinander her. Gleich kämpfte am runden Tisch jeder gegen jeden. Nur einer blieb ruhig mitten im Getümmel. Das war der gemütliche Knöpflesschwab aus dem Ries, der hielt seine Schüssel mit Spätzle fest und murmelte bloß: „Lasst mi doch meine Spätzle esse, so lang se noch warm send."

Zum Glück hat der Allgäuer schließlich für Ruhe gesorgt. Er rief die sechs Streitenden zur Vernunft und meinte, dass sie doch am besten alle sieben gemeinsam zum Bodensee ziehen und gegen das furchtbare Ungeheuer kämpfen sollten.

Da stellten sie sich in einer Reihe auf und zählten durch:
1. Der Allgäuer, 2. der Seehas, 3. der Spiegelschwab, 4. der Nestleschwab, 5. der Gelbfüßler, 6. der Blitzschwab und zuletzt als 7. der Knöpflesschwab, der noch seine Schüssel leerkratzte und Spätzle kaute.

Der Allgäuer schlug vor, dass jeder sagen sollte, welche Art des Kämpfens er am besten könne und mit welcher Waffe er dem Bodensee-Ungeheuer entgegentreten wolle.

41

Da mussten sie lange nachdenken und viele Schüsseln voller Spätzle essen und den Rest der Nacht schlafen. Am anderen Morgen waren sie genauso schlau wie am Abend zuvor. Einzig der Allgäuer hatte eine Idee: „Wir machen einen Spieß so lang wie wir, wenn wir in einer Reihe stehen", sagte er.

Der Spiegelschwab war eh ein Schmied. Der machte sich gleich an die Arbeit und der Blitzschwab half ihm. Der Nestleschwab und der Gelbfüßler nähten derweil schöne bunte Uniformen. Der Seehas backte Brot und Kuchen und der Knöpfleschwab kochte Spätzle, damit sie unterwegs auch genug zu essen hätten. Blieb nur der Allgäuer, aber der lud mehrere Fässer Most auf seinen Wagen und verstaute alles, was sie für die Feldküche brauchten.

Als sie mit den Vorbereitungen fertig waren, zogen sie die neuen Uniformen an und versuchten, den langen, schweren Spieß hochzuheben. Das war aber vielleicht schwer! Schließlich stellten sie den Allgäuer ganz vorne an den Spieß. Gleich hinter ihm bekam der dunkelhaarige, wilde Schmied seinen

Platz. Nach ihm der Ulmer Blitzschwab. Dann der Seehas und die beiden Schneidergesellen. Den Abschluss machte der Knöpflesschwab, der vom vielen Spätzle-Essen einen runden Bauch hatte, auf dem das hintere Ende des Spießes aufliegen konnte. Nach einem guten Frühstück zogen sie los, mussten aber feststellen, dass nur der Seehas den Weg kannte. Also legten sie den Spieß nieder und der Seehas rückte nach vorn, gleich hinter den Allgäuer. Mit Stöhnen und Ächzen wankten sie vorwärts.

Einmal kamen sie in einen Hohlweg. Da lag ein riesengroßer Bär und versperrte ihnen den Weg.

„Zurück!", schrie der Allgäuer und ließ das vordere Ende des Spießes fallen. Sofort purzelten die anderen sechs übereinander. Nur der letzte, der Knöpflesschwab, blieb ruhig stehen. Die anderen versteckten sich hinter Bäumen und Büschen. Sie zitterten vor Angst und glaubten, der Bär würde gleich aufstehen und sie der Reihe nach verspeisen. Der Knöpflesschwab schnupperte. Roch es nicht nach verfaulendem Fleisch?

Vorsichtig schlich er näher an das gefährliche Tier heran. Der Gestank wurde immer schlimmer. Außerdem summte und brummte es, wie von hundert Bienen, Wespen und Hummeln. „Holla, ho!", rief der Knöpflesschwab, als er sich sicher war. „Holla, ho! Der Bär ist tot!" Er setzte seinen rechten Fuß auf den Pelz des Bären und winkte seine verzagten Freunde herbei. „Tot, tot, mausetot!" Da schleppten sie alle gemeinsam den toten Bären aus dem Hohlweg auf die nächste Wiese und zogen ihm das Fell ab. Und alle sieben hatten das Gefühl, als hätten sie den Bären erlegt.

„Ungeheuer vom Bodensee, wir kommen!", riefen sie einander zu und tranken abends beim Lagerfeuer ein ganzes Fass Most auf ihren Sieg über den Bären. Am nächsten Morgen schliefen sie lange. Ein Bauer, der seine Kühe auf die Wiese trieb, weckte sie und fragte, was es mit dem Bärenfell auf sich hatte. Der Allgäuer rieb sich die Augen und behauptete, sie hätten den Bären getötet. Er zeigte dem Bauern auch den Spieß. Der Bauer staunte und erzählte die Geschichte von den sieben tapferen Helden in seinem Dorf.

Von da an waren sie berühmt und wurden überall willkommen geheißen. Der Allgäuer war aber der Einzige, der geradeaus klar denken konnte. Ihm gefiel es gar nicht, dass ihnen von Dorf zu Dorf immer mehr Leute nachliefen und sie beschenkten.

Nun waren sie schon recht nahe an den See herangekommen, da überredete der Allgäuer den Bürgermeister zu einem Fest, und er stiftete das letzte Fass Most. Sobald die Bürger des Dorfes genug getrunken und gegessen hatten, sammelte er seine sechs Genossen um sich. „Hebt den Spieß!", befahl er ihnen. „Aber ganz leise! Wir brechen auf zum Kampf mit dem Ungeheuer!" Mit der Hand zeigte er in Richtung des Sees.

Es war eine klare Nacht. Der Mond stand groß und voll am Himmel. Schlaftrunken folgten die Männer ihrem Anführer. Überall knisterte es und krachte, wenn die sieben auf Zweige traten. „Hört ihr?!", murmelten sie einander voller Angst zu. „Das Ungeheuer schleicht durch den Wald!" Und plötzlich sahen die sieben Schwaben tatsächlich den Feind! Mit langen steil

nach oben gerichteten Ohren tauchte ein mächtiger Schatten vor dem Mond auf. Die sieben Helden kreischten vor Schreck, ließen den Spieß fallen, hielten sich die Augen zu und warfen sich ins Gras. Der Schatten sprang davon.

„Das … das war doch …", stotterte der langsame Blitzschwab, der als Einziger die Augen offengehalten hatte, „das war ein Hase!" Aber sein Nachbar, der Knöpflesschwab, hielt ihm gleich den Mund zu. „Pssst!", fauchte er und riss den Spieß hoch bis zum Bauch. „Das war das Ungeheuer vom Bodensee!"

„Wir jagen das Untier!" rief da der Allgäuer. Und genau das taten sie. Als die Sonne aufging, hatten sie das Ufer des Bodensees erreicht und sanken todmüde von der Jagd ins Gebüsch. Die Sage von ihrem Heldenmut aber wurde von Dorf zur Stadt weitererzählt und das wird sie bis heute.

Die Stuttgarter lieben es, ihre Wochenenden am Bodensee zu verbringen. Jeden Freitag schleichen sich blitzende Autoschlangen die Autobahn entlang und füllen Strand und Gasthäuser. In welchem Ort überm See die sieben Schwaben ihre Fans abgeschüttelt haben, wird nicht verraten! Manche vermuten, es sei in der Gegend um Meersburg gewesen, andere sagen, es sei bei den Pfahlbauten um Unteruhldingen geschehen. Hier gibt es ein tolles Freilicht-Pfahlbaummuseum rund um die Stein- und Bronzezeit.

In jedem Fall weiß man, dass das Gasthaus, in dem sich die sieben getroffen haben, in der sehenswerten Altstadt von Esslingen stand – wahrscheinlich nahe der Frauenkirche. Diese Kirche ist der älteste Bau einer gotischen Hallenkirche in Südwestdeutschland. Über der Altstadt am Hang liegt die imposante, ehemalige Stadtbefestigung, die „Esslinger Burg" (Anfahrt über B 10).

Der Riese vom Reußenstein

Es lebte einmal ein riesiger, starker und außerdem noch sehr reicher Riese in einer Höhle im Wald nördlich von Stuttgart. Er hieß „Heim". Im Neidlinger Tal lag seine Höhle. Mit wenigen Schritten stapfte er über die Burg und das Haus des Doktor Veyllands hinweg zu den Bergen, in denen der Stuttgarter Hutzelmann, der Pechschwitzer, der Tröster wohnte und Hutzelbrot backte und Schuhe nähte. „He, hallo, Pechschwitzer!", dröhnte der riesige Riese. „Ich hab gesehen, dass der König der Menschen ein Schloss gebaut hat. Mitten auf der Wiese. Kannst du mir auch so was bauen?"

„Auf der Wiese?", fragte der Hutzelmann. „Da ist kaum Platz für ein richtig großes Schloss, wie du es brauchst. Such dir einen anderen Platz, dann will ich schauen, was ich für dich tun kann."

Der Riese stampfte hin und her über die Alb bis zum Bodensee und wieder zurück. Schließlich fand er den Reußenstein, setzte sich auf die Spitze, schaute ins Land und es gefiel ihm gut, was er sah. „Hier soll es sein! Hier soll mein Schloss stehen!", rief der Riese. Seine Stimme war sehr laut. Sie schallte bis an den Bodensee und ihr Echo tönte zwischen den Felswänden hin und her.

Aber die Menschen fürchteten sich vor Heim, dem Riesen, der so groß war. Da grub Heim mit seinen gewaltigen Händen große Steine auf der Alb aus dem Boden, schleppte sie auf die Spitze des Reußensteins, legte sich neben den Steinhaufen und rief wieder ins Tal, so laut er konnte: „Herbei, ihr Maurer und Bauleute, kommt, ich warte auf euch. Baut mir eine Burg aus den Steinen!"

Doch wieder geschah nichts. Nur das Echo wiederholte den Ruf des Riesen Heim. Da wurde der mächtige Kerl sehr ärgerlich. Er packte die Steine, die

er selbst mühsam auf die Bergspitze geschleppt hatte und schleuderte sie ins Tal. Das war selbst für einen so mächtigen Riesen eine Menge Arbeit. Abends saß er wie so oft auf der Bergspitze, schaute weit übers Tal und weinte über sein Unglück. Im Neidlinger Tal hatten sich inzwischen eine Menge Leute aus dem ganzen Ländle eingefunden, die hockten in den Gasthäusern und berieten, ob sie es wohl wagen sollten, dem Riesen zu helfen.

„Der hat eine so laute Stimme, da wird man ja taub, wenn man ihn jeden Tag so schreien hört!", rief einer und alle anderen nickten. „Hat er überhaupt Geld, um uns zu bezahlen?", überlegte ein anderer. Doch da wusste ein Dritter, dass der Riese in seiner Höhle einen Sack voller Goldstücke verwahrte.

„Mein Freund, der arme Habenichts, ist in die Höhle des Riesen geraten. Er hat sich auf das Bett gelegt und unterm Kopfkissen den Sack voller Gold gefunden. Er wollte sich nur kurz ausruhen und dann mitsamt dem Sack verschwinden. Aber leider ist er eingeschlafen und Heim, der Riese, hat ihn am Kragen gepackt und vor die Höhle geschleppt", erzählte er. So hatte jeder seine eigene Meinung zum Riesen Heim.

Als am nächsten Morgen die Sonne am hellen Himmel stand, kitzelte sie den Riesen wach. Er setzte sich auf, schaute die steile Felswand hinunter und schüttelte über seinen Zorn den Kopf. Mit drei großen Schritten trat er ins Tal hinunter, sammelte die Steine auf, warf sie im hohen Bogen auf die Felsspitze und begann die Burg zu bauen. Diesmal hatte er viele Zuschauer, denn die Wandergesellen kamen aus den Gasthäusern und staunten, wie der Riese Stein um Stein auf den Berg warf und wie ein Kind im Sandkasten die Steine rund um sich herum aufeinanderschichtete.

„Das hält ja niemals!", murmelte einer, der schon beim Bau einer Burg geholfen hatte.

„Da braucht er einen Plan!", vermutete ein anderer. Genau in diesem Augenblick geschah das Unglück: Die wackeligen Steine rutschten übereinander und begruben den Riesen. Die Zuschauer erschraken und

kletterten den Felsen hinauf, um zu sehen, ob der Riese noch lebte.

Kaum waren die ersten auf dem Gipfel angekommen, als der Riese sich selbst befreite. Da saß er mitten im Steinhaufen und rieb sich benommen die Stirn.

„Wir müssen ihm helfen!" – „Wir brauchen Mörtel!" – „Wir müssen die Steine gleichmäßig behauen!" Alle riefen durcheinander.

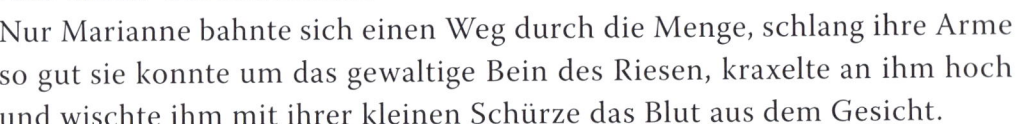

Nur Marianne bahnte sich einen Weg durch die Menge, schlang ihre Arme so gut sie konnte um das gewaltige Bein des Riesen, kraxelte an ihm hoch und wischte ihm mit ihrer kleinen Schürze das Blut aus dem Gesicht.

„Ich bring dich zu deiner Höhle", sagte sie sanft. „Und ihr macht einen vernünftigen Plan! Das wird euch doch wohl gelingen oder?"

Marianne war die Hirtin. Den Sommer über hütete sie die Schafe und Ziegen der Bauern. Sie kannte den Riesen Heim sehr gut. Oft hatten die beiden abends vor Mariannes Hütte gesessen und den Mond angeschaut. Jetzt half sie dem Heim beim Aufstehen.

„Hansel, gib auf die Kühe Acht!" Damit reichte sie dem jungen Mann ihre Gerte. Hansel lief so schnell er konnte auf die Weide. Heim aber, der Riese, riss einen kleinen Baum aus und benützte ihn als Stütze.

Noch ehe Marianne und der Riese in Heims Höhle angekommen waren, zeichneten und planten die anderen schon den Grundriss der neuen Behausung des Riesen. Der blieb viele Wochen lang auf seinem Lager und Marianne pflegte ihn.

Überall im „Ländle" erzählten sich die Leute, dass der Riese eine Burg bauen ließ. So kamen immer mehr Bauleute und Handwerker zusammen und bald standen die Mauern fest gefügt auf dem Felsen, der schroff und steil ins Tal hinabfiel.

Sobald der Riese Heim wieder gehen konnte, beschaute er sich das Werk und was er sah, gefiel ihm gut.

„Wenn die Burg fertig ist", sagte er zu sich selbst, „nehm ich die Marianne zur Frau und wir beide wohnen gemütlich und schauen vom Fenster aus zu, wie der Mond aufgeht."

Doch leider liebte die Marianne den Hansel. Und der Hansel liebte die Marianne. Sie waren nur beide arm und hatten kein Geld. So konnten sie keinen Hausstand gründen.

Übers Jahr war die Burg endlich fertig gebaut. Der Riese Heim schulterte seinen Sack voller Goldstücke. Vor der Burg warteten die Maurer und Zimmerleute auf ihren Lohn. Der Riese fand alles gut und schön. Doch als er sich zum großen Fenster hinausbeugte, es war genau das Fenster, durch das er mit Marianne den Mond beobachten wollte, da entdeckte er, dass ein Nagel fehlte. Sofort rief er den Oberbaumeister.

„Ach, verzeiht, Riese Heim", stotterte der, „das wird sofort nachgeholt!"

Aber als der Baumeister seine Leute befragte, wer denn den letzten Nagel einschlagen wolle, schauten alle sehr betreten.

„Das geht leider nicht", sagten sie. „Keine Leiter ist hoch genug!"

„Und vom Fenster aus erreicht man den Balken nicht! Wer es versucht, der stürzt sofort über die Felswand in die Tiefe!"

Das sagten sie auch dem Riesen Heim. Der aber schüttelte nur seinen mächtigen Kopf, dass die braunen Haare flogen und rief mit Donnerstimme: „Wenn der Nagel fehlt, ist die Burg nicht fertig und so lange gibt es kein Geld!" Dabei schüttelte er den Sack, dass die Goldstücke klirrten.

Der Hansel stand mit seiner und Mariannes Herde nahe dem Tor der Burg und hörte, was der Riese schrie. Ihm fiel wieder ein, dass Heim ja tatsächlich Gold im Sack mit sich herumtrug. Lange dachte er nicht nach. Er warf Marianne die Gerte zu und lief.

„Ich mach es!" Mit diesem Ruf stürmte Hansel in das große schöne Zimmer, dessen Fenster auf das Tal unterhalb der Burg hinausging und kletterte auf den Fenstersims.

Der Riese Heim schaute den Hansel an. „Du willst es wagen?"

„Gib mir den Hammer!"

„Hier hast du ihn!" Der Riese drückte beides, Hammer und Nagel, in Hansels Hände. „Hab keine Angst, Hansel. Ich weiß längst, dass die Marianne nur dich liebt. Und jetzt komm. Ich halte dich fest. Ich lass dich nicht fallen!"

Der Riese hat den Hansel hoch überm Tal in der Luft gehalten. Hansel hat den Nagel mit mehreren kräftigen Schlägen in den Balken geschlagen. Alle Bauleute haben zugeschaut und kaum geatmet.

Als der Hansel wieder sicher in der Burg war, haben alle geklatscht und „Hurra! Hurra! Ein Hoch auf Hansel und Heim!", gerufen.

Da hat der Riese seinen schweren Sack mit dem Gold dem Hansel übergeben. „Verteil es gerecht!", hat er ihm zugeraunt. Und als alle ihren Lohn erhalten hatten, kam die Marianne und ist dem Hansel um den Hals gefallen, so froh war sie, dass er lebte und nicht zerschmettert im Tal lag.

„Ich hab doch versprochen, dass ich dich festhalte und nicht fallenlasse!", hat der Riese gesagt und dem Hansel feierlich die ganze Burg geschenkt. Das war das Allerbeste und so etwas geschieht nur im Märchen.

Am Nordrand der Schwäbischen Alb steht die Ruine der Burg Reußenstein hoch überm Neidlinger Tal.

Man fährt von der A 8 bei der Ausfahrt Weilheim-Teck ab und erreicht den Parkplatz Lenningen-Schopfloch. Von dort führt ein Fußweg zur Burg.

Der Dichter Wilhelm Hauff hat die Sage in seine Sammlung aufgenommen. Die Dichter der Romantik haben gern eigene Märchen erfunden.

Die Sibylle von der Teck

Die Herrin von der Teck hieß Sibylle. Sie war eine sehr schöne Frau mit langen rotblonden Haaren. Meistens trug sie ein weißes Gewand mit einem goldenen Gürtel um die Mitte. Am Gürtel hing der Bund mit den Schlüsseln zu allen Räumen der Burg. Wenn Sibylle mit schnellen Schritten durch die langen Gänge ihrer Burg ging, schlugen die Schlüssel aneinander und klingelten leise.

Sibylle war allein mit ihren beiden Söhnen. Die hießen Bruno und Kuno. Solange ihr Vater bei ihnen lebte, war auch alles gut. Doch Ritter Kuno, nach dem sein Sohn benannt war, meldete sich beim König, als dieser alle Männer seines Reiches zum Kreuzzug rief. Da packte den Ritter Kuno die Reiselust, er umarmte Frau und Kinder, nahm seine besten Vasallen mit und zog ins Heilige Land, um die Stadt Jerusalem von ihren Besatzern zu befreien.

Sibylle war schwanger und gebar noch ein kleines Mädchen, als sein Vater schon unterwegs war. Doch sie kleidete es wie einen Jungen und ließ auch sein Haar nicht lang wachsen, sondern schnitt es so kurz, wie es seine Brüder trugen. Das kleine Mädchen lernte reiten und fechten, denn Sibylle wollte, dass es sich selbst verteidigen konnte.

Alle in der Burg liebten den kleinen Dorotheus, der in Wirklichkeit eine Dorothea war. Er half seiner Mutter dabei, die kranken Menschen zu pflegen, die unterhalb der Burg in Kirchheim und Owen lebten. Er lernte, wie man aus Pflanzen Medikamente herstellte, wie man ein gebrochenes Bein schiente und wie man Fieber senkte. Seine Brüder wurden richtige Haudegen und lachten über Doro. Doch nur die Sibylle wusste, dass Dorothea ihre Gabe geerbt hatte, den wissenden Blick, der ihr sagte, ob jemand gesund würde oder sterben sollte. Die Sibylle konnte in die Zukunft sehen.

Lange Zeit schaute die Sibylle nicht in die Zukunft. Sie ahnte dennoch, dass sie ihren Mann nicht wiedersehen würde. Irgendwann brachte ein Bote die Nachricht, dass Ritter Kuno im Kampf um Jerusalem gefallen war. Sibylle weinte und trauerte um ihren Mann, aber dann übernahm sie die Aufgaben von Ritter Kuno.

Jeden Abend nach dem Gebet für den Verstorbenen trug sie in einem Weidenkorb Brot und Wein, Gebratenes und Gesottenes ins Tal zu den Armen, die in Hütten am Fuße des Burgberges hausten. Im Winter strickten ihre Hofdamen warme Kleider aus Schafwolle für alle, die Not litten. Oft stiegen Menschen den langen steilen Weg hoch, baten um Einlass und klagten der Sibylle ihr Leid. Sie half, wo sie nur konnte.

Ihre beiden Söhne Bruno und Kuno stritten oft mit ihrer Mutter, die so freigebig war. Da gab die weise Sibylle jedem ein eigenes Stück Land, in dem sie machen konnten, was sie wollten. Trotzdem schaute sie voll Trauer zu, wenn die Söhne ihr Volk nicht gut behandelten. Sie rief dann die beiden zu sich, bat und flehte sie an, doch es half wenig. Beide Söhne blieben harte und strenge Herren, wie es ihr Vater gewesen war.

Einmal im Winter belagerten Soldaten die Burg. Da schloss die Sibylle die Tür zum geheimen Ausgang auf und brachte den ausgemergelten Männern warme Decken und Essen. Doro begleitete ihre Mutter. Von da an erzählten die Männer, zwei Engel wären gekommen und hätten ihnen Wegzehrung für den Heimweg gebracht. Das Heer zog auch tatsächlich ab.

Als Bruno und Kuno davon hörten, berieten sie sich miteinander und fanden, sie sollten im Frühjahr zur Teck reiten und nachsehen, wie es um ihre Mutter und den kleinen Bruder bestellt wäre. Sie schmiedeten einen Plan, wie sie Doro entführen und in Brunos Burg gefangen halten könnten, denn sie dachten, ihre Mutter sei ja nun alt, und werde ihnen die Burg auf der Teck vererben. Ihrem kleinen Bruder gönnten sie aber nichts.

Die Sibylle sah voraus, dass die beiden Haudegen nichts Gutes im Schilde führten. Sie rief ihren jungen Leibarzt, richtete einen Wagen her, in dem Doro und der Arzt wohnen und Kranke heilen konnten. Zu Doro sagte sie nur: „Geht nach Süden in die warmen Länder und lernt neue Heilpflanzen kennen. Der Sommer ist eine gute Zeit, um zu reisen."

Für Doro hatte sie Frauenkleider eingepackt. Sie strich ihr zum Abschied übers Haar. „Lass deine Haare wachsen, mein Mädchen!", sagte sie und küsste ihre Tochter.

Kaum war der Wagen im Wald verschwunden, da pochten die Brüder an das große Tor. Auch das hatte die Sibylle vorausgesehen. Sie ließ ihre Söhne in die Burg und lud sie zu einem Begrüßungsessen ein. Geduldig hörte sie sich an, was sie zu sagen hatten. Die Brüder hatten heimlich im Land Späher ausgeschickt. Die hatten vom Volk nur Gutes über Sibylle gehört, worüber sich die Brüder ärgerten.

„Unterhalb deiner Burg lebt schreckliches Bettlervolk!", begann Bruno. „Du solltest dieses Pack verjagen!", stimmte Kuno ihm zu. „Ich habe gehört, dass deine Bauern nur Geschenke bringen, wenn sie gerade mal Lust dazu haben. Du musst sie zwingen, den zehnten Teil ihrer Einkünfte regelmäßig abzugeben!"

Sibylle hörte sich alles an. Die Brüder fragten auch, wo Doro sei. Und Sibylle erzählte, dass er mit einem Arzt in Italien wäre. Da freuten sich die Brüder heimlich. Sie hofften, Doro käme auf der Reise ums Leben.

Auf dem Rückweg in ihre Länder, berieten die beiden, was sie tun könnten, um bald an ihr Erbe zu kommen. Und sie schmiedeten einen Plan. In der Nacht zündeten sie die Hütten der armen Leute an. Doch die meisten Menschen retteten sich in die Burg und schlugen ihre Zelte im Burghof auf. Sibylle war sehr zornig. Mit ihrer magischen Zauberkraft schwang sie sich hoch in die Luft und fuhr mit ihrem goldenen Wagen in den Sonnenaufgang. Manche Menschen erzählen, dass der Wagen von den vier geflügelten Löwen gezogen wurde, die als steinerne Figuren am Burgtor standen. In der Nähe von Beuren wurde Sibylle zuletzt gesehen.

Doro nannte sich längst Dorothea. Sie heiratete den jungen Arzt. Beide zogen viele Jahre lang in der Welt umher und heilten Kranke. Bruno und Kuno blieben in ihren Burgen. Sie überlegten immer wieder, ob sie die Burg Teck angreifen sollten. Doch ihre Mutter hatte einen Zauber über den Berg gelegt, der es ihnen unmöglich machte, sich der Burg zu nähern. Sobald einer von beiden den Burgberg betrat, wurden die vier Löwen lebendig. Sie schlugen mit den Flügeln und brüllten, dass es wie Donner hallte.

Die Burg Teck liegt auf einem 775 Meter hohen Tafelberg, der hoch und steil über dem Land aufragt. Die heutige Burg wurde mehrfach zerstört und wieder aufgebaut. Man kann das Innere der Burg besichtigen. Im Burghof finden manchmal Konzerte statt. Über das Städtchen Owen (Auen ausgesprochen) erreicht ihr die Burg Teck. Südwestlich von Owen liegt ein Wanderparkplatz, von dem aus ihr einen Waldlehrpfad entlanggehen könnt (Anfahrt über A 8).
Die Stadt Kirchheim unter Teck ist ein lohnenswertes Ausflugsziel. Hier findet ihr im historischen Stadtkern ein Fachwerk-Rathaus aus dem Jahre 1722. Sehenswerte Grabdenkmäler gibt es in der Martinskirche.

Die Weiber von Weinsberg

„Bürger von Weinsberg hört alle her! Entweder ihr ergebt euch oder ihr werdet morgen unter den Trümmern eurer Burg begraben. Lange genug habt ihr ausgehalten. Morgen greifen wir an und schleifen eure Stadt."

Das rief der Bote des Königs. Die Menschen in der Stadt zitterten hinter ihren Mauern. War es nicht genug, dass sie und ihre Kinder fast verhungerten?

Die Männer versammelten sich auf dem Marktplatz und ballten die Fäuste. „Wartet nur, morgen stürmen wir hinaus und hauen euch eins auf die Mütze!", drohten sie von den Mauern der Stadt aus hinunter auf die Soldaten des Königs Konrad von Württemberg.

Die Burg Weinsberg lag an der Grenze zwischen Württemberg und Bayern. König Konrad wollte sie sich gewaltsam aneignen. Darum belagerte er Stadt, Weinberge, Felder und zuletzt die Burg, in die sich die Menschen geflüchtet hatten. Sie wussten es sehr wohl: „Wenn die Burg fällt, kann Konrad mit uns machen, was er will", sprach der junge Bürgermeister. Alle Männer johlten und riefen: „Das wird niemals geschehen!" Dabei waren sie nicht so sicher, denn viele von ihnen hatten Württembergerinnen geheiratet. Auch der junge Bürgermeister.

Die Frauen und Kinder drängten sich unter den Arkaden rund um den Marktplatz und riefen:
„Das ist doch Unsinn, was die Männer vorhaben!"
„Wir können nur auf Hilfe von außen warten!"
„So schwach wie unsere Männer sind, werden sie gleich von den Soldaten des Bayernkönigs niedergemacht! Wir haben doch nur noch Wassersuppe mit Rübenschnitzeln einmal am Tag! Das gibt keine Kraft, es reicht höchstens zum Überleben!"

„Jemand muss die Männer zurückhalten!", rief Lotte, die hübsche Frau des Bürgermeisters. „Ich hab schon mit meinem Mann geredet. Aber er will kämpfen."

„Wir müssen uns ergeben!" So redeten die Frauen und hielten ihre Babys in den Armen.

Doch die schöne Lotte gab nicht auf. „Ich hab einen Plan", flüsterte sie ihrer Freundin Elise zu, die besonders geschickte Hände hatte und Haare zu Frisuren aufstecken konnte. Elise nickte und wisperte zurück: „Gudrun soll dir ein besonders schönes Kleid heraussuchen! – Und passende Schuhe!"

„Wir treffen uns heute Abend, wenn es dunkel wird bei mir", schlug Erika vor. „Ich backe einen gefüllten Kuchen." Sie war Witwe und kein Mann wohnte bei ihr. Außerdem lag ihr kleines Haus nahe an der Stadtmauer und besaß einen geheimen Ausgang in den Burgwald.

Und während die Männer Pech und Schwefel vorbereiteten und Steine in die große Steinschleuder legten, kleideten die Frauen Lotte wie eine Prinzessin.

Am anderen Morgen hängte Erika ihr den Korb mit noch duftendem, warmem Kuchen an den Arm und brachte sie zur geheimen Tür in der Stadtmauer. Mit klopfendem Herzen trat Lotte durch die verborgene Tür und schlich zwischen Sträuchern und Bäumen in den Burgwald zum Heerlager des Königs.

„Halt! Wer da?" Zwei Wachsoldaten sprangen plötzlich aus dem Gebüsch und kreuzten ihre Lanzen vor Lotte. Einer der beiden war ihr Cousin, denn vor ihrer Heirat war Lotte ja württembergisch gewesen.

„Hallo, Albert", rief Lotte und stand ganz aufrecht da. Schon war die Nacht fast vorüber und im hellgrauen Morgenlicht erkannte Albert seine Cousine, die ein Körbchen abgedeckt mit einem weißen Tuch am Arm trug.

„Lasst mich durch, ich will König Konrad einen Kuchen bringen!"

„Da begleiten wir dich am besten", sagte Albert und bot seiner Cousine den Arm.

König Konrad war an diesem Morgen früh aufgestanden. Er wollte selbst sehen, wie die Bürger ihre Stadt übergeben. Eben frühstückte er Brot von gestern und trank angewärmten Rotwein dazu. Lotte verneigte sich und machte einen tiefen Knicks.

„Nun, Jungfer, was bringt sie mir?", fragte der König und schnupperte den Duft von frisch gebackenem Kuchen.

Lotte überreichte ihm den Korb und sagte mit ihrer weichen, sanftmütigen Stimme: „Ich wünsche guten Morgen, mein König!"

Konrad zupfte ein kleines Stück aus dem Kuchen und aß es.

Lotte spürte, wie gut es sich anfühlte, dass ihr Cousin Albert dicht bei ihr stand. Es gab ihr den Mut für die Bitte, die sie dem König vortragen musste. Und es war gut, dass Lotte selbst in Württemberg aufgewachsen war. Plötzlich fühlte sie sich gar nicht im fremden feindlichen Land, sondern zu Hause.

Sie ließ sich auf die Knie nieder und faltete die Hände, wie zum Gebet.

„Würdet Ihr uns Frauen erlauben", begann sie, „dass wir mit unseren Kindern die Stadt verlassen, und dass wir …"

Tränen liefen ihr über die Wangen. Lotte schluckte und sah, dass der König ebenfalls schluckte. Er kaute Kuchen und sah sehr, sehr freundlich aus.

„Nun? Was möchtet ihr mitnehmen? Packt eure Habe zusammen. Soviel ihr tragen könnt, nehmt mit euch!"

Konrads blaue Augen schauten Lotte an, als gefalle sie ihm. Schnell stand sie auf. „Bringt sie in die Stadt zurück, herrschte Konrad seine Soldaten an. Und Lotte spürte den festen Griff ihres Cousins, der sie aus dem Zelt schleppte.

Albert sprach kein Wort mit Lotte, solange die anderen Soldaten in der Nähe waren. Erst als der kleine Tross vor dem Tor anhielt, flüsterte er ihr zu: „Mach es gut. Viel Glück!"

„Ruft alle Frauen und Kinder auf dem Marktplatz zusammen!", rief Lotte den Wachsoldaten zu, ehe sie in ihrem Haus verschwand.

Niemand weiß, wie Lotte ihren Mann dazu brachte, aber pünktlich um Mittag öffnete sich das große Tor der Burg Weinsberg. Eine seltsame Prozession strömte heraus und den Burgweg hinab. Frauen und Kinder waren es und jede Frau trug ihren Mann auf dem Rücken.

Sofort meldeten die Soldaten, wie Lotte den gutmütigen Befehl des Königs ausgelegt hatte. „… so viel ihr tragen könnt!", hatte Konrad leichthin gesagt und genau das taten die Frauen von Weinsberg. Manche Frauen hatten Mühe, denn ihre Männer waren ordentlich schwer.

König Konrad lächelte vor sich hin. Er war gerührt von der Treue der Frauen: „Lasst sie nur machen! Das Wort des Königs gilt."

Bis heute heißt die Ruine der Burg „Weibertreu".

Die Sage von den treuen Frauen ist sehr bekannt geworden. Um 1600 hat Zacharias Dolendo ein turbulentes Bild gemalt, das den Auszug der Frauen zeigt. Einige Frauen tragen Babys auf den Armen und haben Taschen umgebunden. Auf dem Rücken hocken ihre Männer. Im Hintergrund sieht man ein Fachwerkhaus, dem die Fassade fehlt. Vorne im Bild stehen Bewaffnete auf einem Felsvorsprung.

Der Kampf um die Burg fand schon um 1140 zwischen Herzog Welf von Bayern und König Konrad statt. Weinsberg liegt zwischen Rebhängen und der Burgruine Weibertreu, die zu besichtigen ist (Anfahrt über A 81).

Der Wirt am Berg

Kaiser Barbarossa reiste durch sein Reich, um zu sehen, wie es seinem Volk erging. Nun war er in der Nähe von Stuttgart auf dem Rotenberg angekommen und hatte sein Quartier in der Rotenburg aufgeschlagen. Diesmal war seine Tochter mit ihm gereist. Sie hieß Elise und Barbarossa liebte sie sehr. Elise sah ihrem Vater ähnlich. Sie hatte lange dunkelrote Locken, die in der Frühlingssonne leuchteten.

Elise stand am Fenster und schaute in den Burghof, wo die Bediensteten hin- und herliefen. Sie luden die Reisewagen ab und trugen Säcke mit Mehl, geräuchertem Fleisch, Körbe voller Eier und Früchte, Fässer voll Wein ins Haus. Elise beobachtete vor allem die Küchenjungen und ganz besonders einen bestimmten Jungen, der ihr sehr gut gefiel. Sie hatte erst vorgestern, als sie unterwegs waren, seinen Namen erfahren.

Hartmut, hieß er. Während der Mittagsrast an der Donau war Elise ein wenig zwischen den Wappnern und Rittern umhergewandert und hatte gehorcht, was die Dienstleute ihres Vaters miteinander sprachen. Da rief einer der Rossknechte: „Hartmut! Komm mal eben …", und Hartmut lief hin. Dabei streifte ein schneller Blick Elise, dass ihr das Blut ins Gesicht schoss. Hartmut hieß er! Hartmut!

Elise setzte sich auf den breiten Fenstersims und hoffte, Hartmut würde sie noch einmal so anschauen. Es war ja ganz unmöglich, dass sie beide jemals miteinander auch nur ein einziges Wort wechseln würden. Die Tochter des Kaisers und ein junger Mann, der bestenfalls Koch werden würde. Aber – fand Elise – Hartmut sah so schön aus. Er hatte braune Haare, die ihm bis auf die Schultern fielen, er lief so leichtfüßig zwischen den Wagen, den Körben, den Kisten und Fässern hin und her. Ach, Elise wünschte, sie könnte kochen lernen und immer dort sein, wo der schöne Hartmut war.

In diesem Augenblick schaute Hartmut zu ihr hoch und lächelte. Elise spürte eine heiße Welle, die über ihr zusammenschlug. Schnell ließ sie sich in ihre Kammer zurückgleiten.

„Kind, was machst du nur? Es ist gefährlich auf dem Sims zu sitzen! Du könntest hinunterfallen!" Ihre Amme, die immer mit auf Reisen ging, trat in Elises Kämmerchen. „Komm, lass dich frisieren und frisch anziehen, der Kaiser erwartet dich zum Abendbrot."

Elise fühlte sich sehr allein. Ihre Mutter lebte nicht mehr und der Vater betrachtete Elise, als wäre sie immer noch ein kleines Kind, das gern auf seinem Schoß saß. Nein, sie musste etwas finden, womit sie ihrem Vater beweisen konnte, dass sie groß war. Nachts wälzte sie sich auf ihrem Bett. Sie konnte einfach nicht einschlafen. Und plötzlich hatte sie die Idee. Ja, so würde es gelingen!

Am anderen Tag spazierte Elise tapfer in die Schlossküche. Dort brieten die Köche köstliches Hirschragout, schmorten Gemüse und kochten Rüben. Elise tat, als wollte sie nur das Gekochte prüfen, wie ihr Vater die Einnahmen prüfte. In Wirklichkeit aber schaute sie genau zu, fragte und kostete von allen Gerichten. Der oberste Koch erzählte ihr gern, was er zubereitete und immer wieder schaute auch Hartmut in die Töpfe und tauschte einen Blick mit Elise. Bald konnte die Prinzessin Hafersuppe kochen und noch bevor es Sommer wurde, überraschte sie ihren Vater damit, dass sie sein Leibgericht ganz vortrefflich zubereitet hatte. Von da an mochte er es nur noch, wenn Elise es anrichtete.

Aber Elise lernte nicht nur kochen. Sie hatte auch viele Möglichkeiten, ihren lieben Hartmut besser kennenzulernen. Und bald fanden beide heraus, wo sie einander heimlich treffen konnten.

Im Garten hinter der Burg, wo die Pferdeställe waren, führte eine kleine Tür hinaus in den Wald, durch die kamen die Rossknechte zurück, wenn sie die Tiere auf die Weide gebracht hatten. Hartmuts Freund legte einen

Umhang für Elise im Pferdestall zurecht, den hängte sie sich um die Schultern und zog ihn über ihr langes glänzendes Haar.

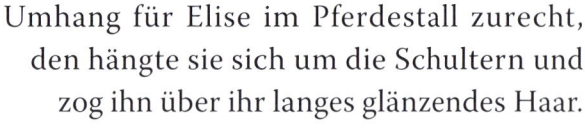

Im Wald stand ein Pavillon, der fast ganz von Efeu und wildem Wein zugerankt war. Dort trafen sich Elise und Hartmut. Die Rossknechte gaben Acht, dass niemand in den Wald kam, solange Elise und Hartmut beisammen waren. Und wenn doch, dann ahmten sie den Ruf der Waldtaube nach, damit die beiden Verliebten sich verstecken konnten.

Hartmut kannte die Geschichten, die man sich von Eginhard und Emma erzählte, die zur Zeit Karls des Großen ein Liebespaar waren und den kaiserlichen Segen erhielten. Er erzählte Elise aber auch von jenem Grafensohn, der im Lahngau lebte und seine gräflichen Rechte aufgeben musste, um eine bürgerliche Frau zu ehelichen. „Das wird mir sicher nicht geschehen!", rief Elise. „Mein Vater liebt mich und er wird erlauben, dass wir beide zusammenleben!"

Beim nächsten Abendessen fragte Elise ihren Vater. „Was? Du willst einen Koch heiraten? Das vergiss mal ganz schnell wieder. Es kommt überhaupt nicht in Frage!" Elises geliebter Vater schaute seine Tochter an, als ob er sie an diesem Abend zum ersten Mal sehen würde. Er ließ von da an einen Wachsoldaten vor ihrer Zimmertür stehen.

In der Burg sprach es sich schnell herum, dass der Kaiser seine Tochter wie eine Gefangene behandelte. Hartmuts Freunde tuschelten und planten und bereiteten alles für eine Flucht des Liebespaares vor.

Zum Glück achtete der Kaiser in diesen Tagen nicht so sehr darauf, dass Elise auch wirklich gut bewacht in ihrem Zimmer blieb. Er hatte eine Nachricht erhalten, dass er dringend nach Italien aufbrechen sollte. So entstand ein emsiges Rennen und Laufen, ein Einpacken und in Wagen Verstauen. In diesem Durcheinander schlüpfte Elise in Männerkleider und verschwand mit ihrem liebsten Hartmut aus der Burg.

Vergeblich ließ Barbarossa nach Elise suchen. Solange er unterwegs war, schickte er jeden Tag einen Boten zur Rotenburg, aber die Boten schüttelten jedes Mal traurig den Kopf, wenn sie den Tross des Königs erreichten und von Elise keine Spur gefunden hatten. In Italien hatte Barbarossa so viel zu tun, dass er tagelang nicht an seine verschwundene Tochter dachte.

Das Liebespaar war mit seinen Pferden und einem Säckchen voll kostbarem Schmuck in einer verlassenen Bauernkate am Fuße des Rotenberges untergeschlüpft. Solange der Kaiser nach ihnen suchen ließ, lebten sie ängstlich und verborgen.

Aber einige Wochen nach der Abreise des königlichen Hofstaates trauten sie sich ins nächste Dorf. Elise trug stets ein Tuch über ihrem auffallenden Haar. Damals dauerte es lange, bis die Geschichte von der verschwundenen Kaisertochter herumerzählt wurde. Da hatten Hartmut und Elise längst geheiratet und aus der Bauernkate eine hübsche kleine Wirtschaft gemacht. Sie jagten im Wald und brieten und kochten, denn das konnten beide am allerbesten. Sie bekamen nach und nach Stammgäste, die auf ihren Wegen durch den Burgwald zum Übernachten blieben. Und sie bekamen einen Namen: „Wirt-am-Berg", so nannten ihre Gäste das Wirtshaus der beiden.

Die Jahre zogen ins Land und von ihrer Flucht sprach niemand mehr. Da verbreitete sich das Gerücht, der Kaiser sei in seiner Rotenburg angekommen und wünsche ein gutes Abendessen. Die Burg war aber gar nicht mehr bewohnbar. Ein Teil des Daches war eingestürzt, Regen und Schnee hatten gewütet. Und ehe Hartmut und Elise überlegen konnten, stand der Tross des Königs vor ihrem Gasthaus.

Rasch bereiteten die Wirtsleute alle Zimmer für den königlichen Besuch, so gut sie konnten, und Elise röstete Getreide, rührte Butter in den Brei, goss süße Ziegenmilch rund um den Tellerrand und legte einen Löffel voll Berghonig dazu. Sie wusste, dass ihr Vater das abends am liebsten aß. Und wirklich rief Barbarossa: „So wunderbar konnte nur meine Tochter Elise mein Abendessen zubereiten! Oh, Elise, wenn ich dich nur wiederhätte." Elise schluckte ihre Tränen hinunter. Sie spähte hinter der Tür ins Esszimmer und sah, dass wirklich viel Zeit vergangen war, denn der ehemals rote Bart ihres Vaters war silbern geworden.

Als der Kaiser schlief, überlegten Hartmut und Elise, ob sie sich ihm anvertrauen sollten. Und am nächsten Morgen traten sie Hand in Hand vor Barbarossa. Der Kaiser war so froh, Elise gesund und glücklich wiederzusehen, dass er sie in die Arme schloss. Er schenkte Hartmut die alte Burg Rotenberg und machte den Koch zu einem reichen Grafen. Nach dem Gasthaus Wirt-am-Berg wurde das Land rund um die Burg „Württemberg" genannt und Graf Hartmut wurde Stammvater des Württembergischen Geschlechts.

Burg Wirtemberg beziehungsweise Burg Württemberg gehört zu den historisch wichtigsten Punkten des Bundeslandes. Baden-Württemberg erhielt seinen Namen durch die Markgrafen von Baden und durch die Herren von Württemberg, die ihre Stammburg auf dem Württemberg hatten.

Von der Burg ist nichts mehr erhalten. König Wilhelm I. von Württemberg ließ sie aufgrund ihres ruinösen Zustandes 1819 abreißen und das Platcau der Kernburg auffüllen, um seiner verstorbenen Ehefrau Katharina eine Grabkapelle errichten zu lassen. Auf dem Württemberg in Stuttgart Rotenberg gelegen, lädt das imposante klassizistische Bauwerk zu einem Besuch mit wunderbarer Aussicht ein (Anfahrt über Untertürkheim, Rotenberg).

Die Teufelsglocke

In Rottenburg lebte einmal ein frommer Bauer, der pflügte sein Feld an einem schönen Frühlingstag. Um ihn herum zwitscherten die Vögel und bauten ihre Nester. Der Bauer, er hieß Hilmar Beierlein, dachte daran, wie er vor vielen Jahren ganz in der Nähe sein Haus und seinen Hof gebaut hatte. Als er mit seinem Pflug, vor den sein alter Ackergaul gespannt war, am Ende seines Feldes ankam, blieb er stehen, wischte sich mit seinem karierten Taschentuch über die Stirn und dachte: „Hier könnte ich zum Dank für alles, was ich Gutes erlebt habe, eine Kapelle bauen. Vielleicht mit einem schönen Bild der Muttergottes? Dann würden alle meine Freunde staunen und mich loben."

Auf dem Rückweg dachte er sich aus, wie wundervoll sein Kapellchen mit einem winzigen Glockenturm aussehen würde. Wieder blieb er stehen, wischte sich die Stirn und murmelte: „Teufel auch, gut wär`s schon. Aber eine Glocke ist teuer!"

Als er am Ende der Furche ankam, stand da ein junges Männlein in grünem Jägerkostüm und winkte ihm. „Oh ha", sagte der Bauer Hilmar Beierlein. „Wer bist du denn?"

„Kennst du mich nicht?", wollte das Männlein wissen. Dem Hilmar Beierlein pochte plötzlich das Herz im Hals. Das Männlein kicherte. „Manche Menschen haben einen Schutzengel. Du, Hilmar hast mich. Dreh nur deinen Taufnamen um. Na?" Der Bauer brauchte die ganze dritte Reihe, bis er seinen Namen von hinten nach vorn buchstabieren konnte: „H I L M A R."

„Ramlih!", rief er glücklich. Und prompt stand das kleine grüne Teufelchen vor ihm. Ramlih war nicht der große Teufel, der die Seelen der schlimmen Menschen holt. Nein, nein, Ramlih war nur einer von den Kleinen, die

manchmal in einer Herzensecke von solchen Menschen wie dem Hilmar Beierlein hausen und sich mit seinem Schutzengel streiten. „Du denkst doch auch, wie sehr dich deine Freunde loben werden, wenn du ein Kirchlein mit Glockentürmchen am Rand deiner Felder stehen hast."

Hilmar Beierlein nickte und kam eben am Ausgang seines Feldes an. Doch da stand kein grünes Männlein mehr. Da stand seine Frau, die Grete und hatte einen Korb mit Brot, Butter und Käse als Vesper für ihren fleißigen Mann gebracht.

Hilmar setzte sich unter den Apfelbaum und Grete bestrich ihm eine Scheibe Brot mit Butter. Im Baum aber saßen die beiden Schutzengel von Hilmar und Grete und tuschelten miteinander. Aber sie tuschelten so leise, dass es für die beiden Menschen klang, als rauschten die Blätter über ihnen.

Hilmar errichtete wirklich die kleine Kapelle. Er stattete sie auch mit einem Glockenturm aus.

   Doch dann hatte er nur noch ein paar kleine Münzen in seinem Sparstrumpf. Seine Freunde bewunderten zwar die Kapelle, aber sie spotteten auch über Hilmar Beierlein und den Glockenturm ohne Glocke. Sogar seine Frau, die Grete, schüttelte den Kopf über ihren Mann: „Hättest du doch mit dem Turm gewartet!"

Das machte Hilmar richtig zornig. „Teufel nochmal," rief er wütend. „Jetzt hab ich deinen Namen vergessen!" Er rieb sich die Stirn. „Dabei könnte ich dich jetzt gut gebrauchen, du kleines grünes … lih … ach, warte. Es war mein eigener Vorname nur rückwärts gesprochen: … Hil … mar." Grete kam aus der Küche und rief: „Was suchst du denn, Hilmar Beierlein?"

„Meinen Namen. Nur rückwärts."
„Rückwärts? RAM …", begann Grete.
„… LIH!", rief Hilmar.

Da stand das grüne Teufelchen auch schon zwischen Grete und Hilmar. Es kicherte, nahm sein Hütchen von den Hörnern, verbeugte sich und polterte mit dem Huf. „Was begehrst du?", fragte es.

„Zum Teufel mit dir! Ich brauche eine Glocke für meinen Glockenturm!", murrte der Bauer. „Kannst du mir eine besorgen?"

„Dann komm mit!" grollte das Teufelchen, packte den Hilmar Beierlein um die Hüfte und schwang sich mit ihm aus dem Fenster. Grete ließ vor Schreck die Schüssel fallen, in die sie eben Spätzle mit Kraut füllen wollte. Sie schlug schnell ein Kreuzzeichen über sich und spürte ihren Schutzengel, der seine Flügel über sie legte und ihr zuflüsterte: „Lass nur. Der Ramlih ist kein schlimmer Teufel."

Unterdessen flogen Hilmar und Ramlih bis zum Bodensee und guckten in jeden Kirchturm. Sie stießen die Glocken an, so dass die Menschen in den Dörfern und Städten sich wunderten, warum überall plötzlich die Glocken läuteten.

Ramlih war so in Schwung, dass er bis auf die andere Seite des Sees, also in die Schweiz, flog. Dort blieb er auf dem Turm einer Klosterkirche sitzen. „Hörst du?", rief er in Hilmars Ohr, „der Bruder Glöckner läutet!"

„Ich höre!", antwortete Bauer Hilmar. „Nimm eine von diesen Glocken und flieg uns nach Hause!" Aber das kleine grüne Teufelchen war so erschöpft, dass es Hilmar und die geraubte Glocke über dem Bodensee fallen ließ. Mit einem riesigen Platsch versank die Schweizer Glocke in den Wellen. Hilmars Schutzengel fing gerade noch den Bauern auf und übergab ihn seiner Grete.

Ramlih aber versteckte sich in einer dicken blauen Gewitterwolke und fuhr über die Stadt Ravensburg. Er entdeckte nahe dem Mehlsack, einem besonders dicken Turm ohne Fenster, in einer Kapelle eine kleine Glocke, die er einfach abriss und dem Hilmar bringen wollte.

Der aber, es war Sonntag, kniete in seiner Kapelle und betete. „Verzeih mir, lieber Gott, dass ich die Schweizer Glocke klauen wollte. Ich lasse lieber den Turm ohne Glocke ..."

Damit beugte er sich und küsste die Füße der Figur am Kreuz, das auf dem Altar stand. Erschrocken fuhr er zurück. „Oh du liab`s Hergöttle, hosch du aber kalte Fiaß!", murmelte er.

Seine Frau Grete setzte sich zu Hause hin und strickte feine, warme Socken für den armen Jesus mit den kalten Füßen.

Das ärgerte den Ramlih, der von außen am Fenster der Kapelle lauschte, so sehr, dass er die kleine Glocke gegen das Glockentürmchen schleuderte. Davon bekam sie einen Riss und seither klingt sie völlig schief.

Doch Ramlih hängte die beschädigte Glocke trotzdem im kleinen, leeren Turm von Hilmars Kapellchen auf. Noch immer ruft sie am Sonntag die Menschen zum Gottesdienst.

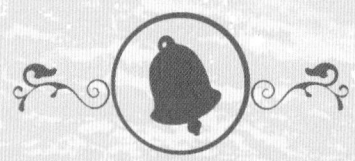

Kleine Kapellen gibt es viele in Baden-Württemberg und auch viele kleine Geschichten, wie die von „Jesus mit den kalten Füßen".

Eine dieser Kapellen ist die Todris bei Rottenburg wie in der Rottenburger Mundart das dem heiligen Theoderich geweihte Kirchlein heißt. Es steht an der Straße von Rottenburg nach Wendelsheim und Seebronn, auf dem Weg zur Autobahn (Anfahrt über A 81).

Ravensburg liegt nahe dem Bodensee in Oberschwaben im Schussental. Im Mittelalter war es eine wichtige Handelsstadt. Der Mehlsack, ein um 1425 erbauter Wehrturm, den man am Wochenende besteigen kann, ist einer der vielen Türme der Stadt und hat niemals Glocken gehabt. Der Name rührt von seinem weißen Verputz und der runden Form her. Der Mehlsack befindet sich am südöstlichen Rand am höchsten Punkt der Altstadt in Richtung der Veitsburg.

Die reichen Kaufleute wurden übrigens „Mehlsäcke" genannt.

Der Drache von Limburg

In alter Zeit lebte ein riesiger Drache in einer Höhle nahe Limburg auf der Schwäbischen Alb. Dieser Drache gehörte zu den Lindwürmern, die nicht viel Gehirn in ihrem großen Kopf hatten und sich deshalb auch keine wunderschöne Höhle einrichteten. Trotzdem hatte der Drache eine gemütliche Höhle gefunden, denn der Berg, in dem sie lag, war ein feuerspeiender Vulkan gewesen und er war noch nicht ganz erloschen.

Wenn der Drache seinen Winterschlaf hielt, heizte das Feuer aus der Erde die Drachenhöhle. Der Drache schlief tief und fest und zehrte von dem Speck, den er sich im Sommer angefressen hatte. Im Frühling aber wachte er auf und hatte schrecklichen Hunger. Dann streckte er seinen Kopf aus der Höhle und gähnte so laut, dass das Echo seine Stimme übers Land trug.

Langsam kroch der Lindwurm aus der Höhle, rutschte auf seinem gelben Bauch den Berg hinunter ins Tal und schaute sich um, was es zu fressen gab. Er fraß die Tiere in den Wäldern: Hirsche, Rehe, Wildschweine, aber auch Wölfe und Füchse, Hasen und Bären. Das Schlimmste war, dass er im Herbst wieder ein Stück gewachsen war. Tief holte der Lindwurm Luft. Da platzten die Schuppen von seinem Panzer ab und lagen in der Sonne und glänzten grün und rot und gelb.

Einmal tauchte ein anderer Lindwurm auf. Er war genauso groß und ebenso gefräßig. Auch er hatte keinen Namen und nur ganz wenig Gehirn. Beide Lindwürmer beschnupperten einander und versuchten jeder den anderen zu fressen. Schließlich schubste unser Lindwurm den neuen den Berghang hinunter. Mit ihm rollten dicke Steine bergab und erschlugen ihn. Unser Lindwurm kroch vorsichtig näher und fraß den zweiten Lindwurm. Danach war er so satt, dass er drei Wochen lang vor seiner Höhle schlief.

Das alles ging viele Jahre lang, bevor es Menschen im Tal unterhalb des kegelförmigen Vulkanberges gab. Diese ersten Menschen wanderten am Vulkankegel vorüber und unser Lindwurm beäugte sie, fand sie aber zu klein und nicht fett genug, um sie zu fressen. Zum Glück!

Erst, als sich eine kleine Gruppe von Menschen angesiedelt hatte, entdeckten sie das Riesentier, das in der Sonne lag und schnarchte. Voller Schrecken flüchteten die Menschen und bauten ihre Hütten weiter weg an einem Teich auf.

Wieder hatte Lindwurm eine geruhsame Zeit. Doch als er eines Tages hungrig von seinem Berg herunterrutschte und in das Tal krabbelte, entdeckte auch er die Menschen. Das passierte ganz zufällig. Lindwurm holte tief Luft und verschluckte dabei einen Bauern, der gerade sein Feld bestellte.

Der Bauer schmeckte dem Drachen und ab da – nun, wir wissen ja, dass es genauso kommen musste. Von da an schlich sich Drache Lindwurm abends und nachts in die Dörfer und fraß Mensch und Tier.

Die armen Menschen bauten Palisaden um ihre Dörfer und die reichen Menschen bauten dicke Mauern um ihre Höfe. Es half alles nichts. Sobald Drache Lindwurm hungrig war, rutschte er von seinem Kegelberg ins Tal und machte sich über die Dörfer und ihre Bewohner her.

Inzwischen gab es genügend Menschen, die gegen Lindwurm in den Kampf zogen. Aber keinem

Ritter gelang es, das Herz des Drachen zu treffen. Alle Kämpfer mussten wieder fliehen oder sie landeten zwischen den Zähnen des Drachen.

Allerdings waren die Menschen viel klüger als Lindwurm. Sie beobachteten den Drachen und zählten die Tage und Wochen, in denen er sich nicht sehen ließ. Das schrieben sie auf große Tafeln und wer lesen konnte, der las es den anderen vor.

An den Lindwurm-Tagen wagte sich kein Mensch ins freie Land. Die Menschen hockten in ihren Burgen und Städten hinter dicken, steinernen Mauern und zitterten, wenn sie das Scharren und Patschen der Drachenfüße hörten. Lindwurm war in den langen Jahren gewachsen und ein richtiger Riesenlindwurm geworden, der mit seinem Gewicht eine Stadtmauer eindrücken konnte. Und das machte er auch.

Lindwurm brach in die Stadt Esslingen ein und fraß, wen immer er erwischen konnte. Da hatte der Kaiser, der inzwischen über das ganze Land regierte, eine Idee. Im Wald unterhalb des Kegelberges lebte eine sehr weise Frau. Zu dieser ritt der Kaiser und fragte sie, was gegen den Lindwurm helfen könnte.

„Lindwurm hat ein kleines Gehirn!", sagte die weise Frau. „Er frisst nur, wenn er hungrig ist. Legt doch etwas Drachenfutter vor eure Stadtmauern, dann schadet er euren Leuten nicht mehr."

Sie gab dem Kaiser eine Flasche Kräutersaft mit. „Das sollt ihr ihm auf sein Futter träufeln. Dann wächst er nicht mehr und braucht weniger Futter!"

Der Kaiser ließ im ganzen Land verkünden, dass von nun an für den Drachen Schweine und Esel, Kälber, Gänse und Hühner in Körben vor die Mauern der Städte und Burgen gelegt werden sollten. Und wirklich fraß der gierige Drache sich satt. Er zog ab und es dauerte Wochen, bis er wiederkam und nach DRACHENFUTTER brüllte.

Schließlich starb der alte Kaiser und auch die Flasche mit dem Saft war leer. Sein Sohn sagte: „Wenn wir das Untier von einem Drachen nicht mehr füttern, wird es vor Hunger sterben." Er schickte also einen Boten, der musste überall verkünden, dass der Drache ausgehungert werden sollte. Die Menschen freuten sich und jubelten dem neuen Kaiser zu. Sie aßen ihre Schweine und Gänse von nun an selbst.

Als der hungrige Drache von seinem Berg herunterrutschte und vor ihrer Stadt nach seinem Futter suchte, erschraken die Menschen und versteckten sich in ihren Häusern. Doch der Drache brüllte und schlug mit seinem Schweif ein großes Loch in die Stadtmauer, zwängte sich hindurch und wütete unter den Bewohnern. Die wenigen Menschen, die sich gut verstecken konnten, gingen zum Kaiser und beklagten sich. Der Kaiser fragte seine Ratgeber.

Aber alle schüttelten nur die Köpfe und keiner wusste Rat, obwohl sie doch die weisesten und klügsten Menschen im ganzen Reich waren. Sie holten auch die alten Bücher hervor und lasen darin, was die Menschen schon alles versucht hatten, um den Drachen loszuwerden. Eine kleine Gruppe suchte in den Wäldern nach der weisen Frau. Aber sie fanden ihre Hütte leer. Niemand wusste, wohin sie gezogen war. Vor der Stadtmauer aber brüllte der hungrige Drache.

„Es hilft nichts", sagte der Kaiser. „Wir müssen dem Drachen Futter geben. Am besten werfen wir im Frühjahr das Los und wen es trifft, der wird Drachenfutter."

Die Menschen jammerten und klagten. Manche verließen ihre Heimat und lebten weit fort von zu Hause, damit sie nicht vom Los getroffen würden.

Von da an traf es in jedem Jahr einen Menschen, der ausgewählt und auf den Kegelberg geführt wurde. Danach gab der Drache Limburg Ruhe für ein ganzes Jahr.

Doch dann traf das Los die Prinzessin Isabella, die Lieblingstochter des Kaisers. Da entstand große Aufregung im ganzen Land. Würde der Kaiser seine eigene Tochter dem Drachen als Futter hinwerfen? Die Menschen schlossen Wetten ab. Wird er? Wird er nicht? Den ganzen Winter über rätselten sie. Die Tochter des Kaisers aber hatte eine Idee. Sie wickelte buntes Garn zu Knäueln auf, band in jedes Ende eines Knäuels ein Stück Speck oder ein Würstchen und legte die fertigen Knäuel in einen Korb.

Es wurde Frühling und der Tag brach an, an dem die Kaisertochter zum Kegelberg gebracht werden sollte. Alle Menschen nördlich des Albtraufes schluchzten und weinten. Nur Isabella, die schöne junge Tochter des Kaisers weinte nicht. Sie zog ein langes sonnengelbes Gewand an, band ihre langen Haare hoch und nahm den Korb auf den Arm. Tapfer schritt sie den Berghang hinauf, wo der gefräßige Drache von Limburg aus seiner Höhle herausschaute. Auf halber Strecke stellte Isabella den Korb mit den bunten Garnrollen ab und setzte sich daneben. Verführerisch dufteten Würstchen und Speckstücke aus dem Korb. Unten am Berg weinten und klagten die Menschen.

Lindwurm kroch näher an die Prinzessin heran. Er war inzwischen ein alter Drache geworden und durch den Saft der weisen Frau war er auch nicht mehr so schrecklich groß wie früher. Isabella warf dem Drachen ein Würstchen ins offene Maul, nahm ein Knäuel aus ihrem Korb heraus, an dessen Ende ein Würstchen angebunden war. Auch das warf sie dem Drachen zu und rollte langsam das Knäuel auf.

Kauend und neugierig folgte ihr der Drache rund um die Spitze des Kegels. Solch bunte Knäuel hatte er noch nie gesehen! Und sie dufteten so verlockend nach frisch geräuchertem Speck. Der Drache merkte gar nicht, dass er sich mit jedem Schritt mehr im Garn verwickelte, ja, dass er das

ganze Garn aus den Knäueln bald um seinen großen Körper trug, als sei er selbst ein riesengroßes Garnknäuel. Mühsam tappte er vorwärts.

Isabella kam heil und gesund am Fuße des Drachenberges an und brachte den gefährlichen und schrecklichen Drachen wie eine Strickpuppe mit zum Kaiserpalast. Hinter ihr und dem Drachen aber strömten lauter frohe Menschen. Sie riefen: „Vivat! Isabella lebt!"

Kaum war sie im Schloss angekommen, da sprengte ein Ritter auf weißem Ross in die Kaiserburg, schwang sein Schwert in der Luft und rief: „Wo ist der Drache? Ich werde ihn töten und die Kaisertochter befreien!"

„Das ist nicht mehr nötig", sprach der Kaiser. „Der Drache schläft jetzt neben dem Bett meiner Tochter. Sie hat ihn gezähmt!" Seither feiern die Menschen in jedem Jahr ein Fest, wenn der Frühling beginnt.

Der Weilheimer Hausberg ist ein kleiner Kegelberg, der in grauer Vorzeit ein Vulkan war und Feuer spuckte. Mit seinen 598 Metern über dem Meeresspiegel erreicht er beinahe die Höhe des Albtraufs. Auf diesem Berg lag die Burg Limburg. Sie wurde mehrmals zerstört und wieder neu aufgebaut.

Heute ist nichts mehr von ihr zu sehen. Aber die Sage vom Drachen wird bis heute erzählt. Auch der tapfere Ritter kommt darin vor. Die Menschen meinen allerdings, es sei wohl der heilige Michael gewesen, der sie von dem Drachen befreit habe. Ein zehn Kilometer langer Wanderweg führt rund um den Berg und ist auch für Kinder gut zu gehen (Anfahrt über A 8).

Die Sage von der Schalksburg

Einmal, als die Schalksburg schon nicht mehr von Menschen bewohnt war, sammelte eine arme Frau Brennholz im Wald unterhalb der Ruine. Ihre kleine Tochter stieg den Berg zur Burg hinauf. Sie pflückte Blumen und sang dazu ein selbst erfundenes Lied:
„Blümelein, Blümelein, willst von mir gebrochen sein?"

Und wenn sie diesen Vers gesungen hatte, begann sie ihr Lied von vorne. So gelangte das Mädchen, es hieß Ida, vor das Tor des Schlosses und ging hindurch. Im Schlosshof stand ein Brunnen, auf seinem Rand saß eine wunderschöne Frau in einem goldbestickten bunten Kleid. Ihr langes blondes Haar fiel ihr über die Schultern wie ein Schleier. In den Händen hielt sie einen Strauß weißer Rosen. Sie lächelte das kleine Mädchen freundlich an und reichte ihm eine Rose.

„Sie wird gut in deinen Strauß passen!", sagte die schöne Frau mit weicher Stimme. Darüber freute sich das Mädchen. Es bedankte sich und sang sein selbst erfundenes Lied jetzt mit verändertem Text:
„Blümelein, Blümelein, werdet bald verwelket sein!"

Als Ida unten am Berg ankam und ihrer Mutter den Feldstrauß mit der Rose zeigte, erschrak die Mutter sehr, denn damals glaubten die Menschen, eine weiße Rose bedeute den baldigen Tod. Ein paar Tage später bekam Ida hohes Fieber.

Das kleine Mädchen hustete. Es hatte keine warmen Kleider, nur eine dünne Decke, unter der es schon im Herbst zitterte. Und zu essen bekam es nur etwas Haferbrei mit Wasser angemischt. Da brauchte sich niemand zu wundern, dass es krank wurde. Doch die weiße Rose stand neben seinem Bett und lächelte dem Mädchen Mut zu.

Draußen regnete es und der Wind bog die Spitzen der Tannen fast bis zum Boden. Das Häuschen der armen Frau gehörte zu einem Gutshof. Der Gutsherr war ein umsichtiger Mann, der sich um seine Leute sorgte. Jetzt, im kalten Herbst, schickte er seine beiden Söhne Georg und Hartlieb auch zur Frau, deren Mann beim Holzfällen vor einem Jahr verunglückt war. Georg trug einen Topf heißer Suppe und Hartlieb einen halben Laib Brot. Die Mutter des kranken Mädchens dankte den Jungen sehr. Aber Georg hörte das Kind in der Kammer husten. „Was ist mit Ida?", fragte er.

„Ida wird sterben", antwortete die Mutter. „Sie hat vor ein paar Wochen auf der Burg eine edle Frau getroffen, die ihr eine weiße Rose geschenkt hat. Ihr wisst, was das bedeutet!"

„Aber in der Burg wohnt doch niemand mehr!", rief Hartlieb erschrocken.

Idas Mutter zuckte nur mit den Schultern und wischte sich mit dem Zipfel ihrer Schürze die Tränen aus den Augen. Ihre drei anderen Kinder hatten sich schon an den Tisch gesetzt und klopften mit den Löffeln auf die leeren Suppenschalen. Sie waren hungrig.

„Gebt den Kindern zu essen!", sagte Georg. „Ich will nach Ida und nach der Rose sehen." Hartlieb verteilte das Brot und setzte sich zu den Kindern. Die Mutter schöpfte Suppe in die Schüsseln.

Georg setzte sich an Idas Bett. In der Kammer war es kalt und die Luft roch schlecht. Georg fragte Ida nach der Frau, die ihr die Rose geschenkt

hatte. Ida lächelte und erzählte: „Sie hatte lange blonde Haare und neben dem Brunnen wuchs ein Rosenstock mit weißen und roten Rosen." Dann musste Ida wieder schrecklich husten.

„Wir müssen zur Burg hochklettern und die Burgherrin suchen", sagte Georg zu seinem Bruder. „Oder wir holen einfach nur eine rote Rose. Dann wird Ida bestimmt gesund", meinte Hartlieb. Georg war nicht so sicher. Damals starben Kinder, auch wenn sie nur Fieber und Husten hatten.

In den nächsten Tagen hörte der Regen auf und die Brüder kletterten den Berg zur Ruine der Schalksburg hoch. Schon von weitem hörten sie die Schafe blöken. Der Hund des Schäfers lief ihnen entgegen. „Habt ihr eine edle Dame mit langen blonden Locken gesehen?", wollte Georg vom Schäfer wissen. Doch der schüttelte nur den Kopf. „Hier oben wohnt niemand mehr."

„Hab ich dir doch gesagt, Georg!" Hartlieb lief jetzt voraus und rannte durch das Tor in den Burghof. Er suchte die beiden Rosenstöcke, von denen Ida seinem Bruder erzählt hatte. „Da ... da sind sie!", rief er. „Und der rote blüht sogar! Jetzt wird alles gut." Wirklich wuchsen Rosen an den Resten der Mauer des ehemaligen Haupthauses.

Georg zog sein Messer aus dem Gürtel und schnitt einen Zweig vom rotblühenden Stock ab. Gemeinsam brachten die Jungen die Rose zu Ida. Ida saß vor dem kleinen Haus ihrer Mutter und spielte mit ihren Geschwistern. Sie hustete immer noch und war sehr schwach. Aber über die dunkelrote Rose freute sie sich. „Heute Abend bringe ich dir Brei mit Honig", versprach Hartlieb, der Ida liebgewonnen hatte. Er brachte ihr jetzt öfter gutes Essen und blieb bei ihr, bis sie satt war. Außerdem versorgte er sie und ihre Geschwister mit warmen Kleidern und Decken.

Ida starb nicht. Sie wurde wieder gesund und aus dem Zweig wuchs mit den Jahren ein prächtiger Rosenstock. Georg und Hartlieb bewirtschafteten gemeinsam den Gutshof und Georg feierte Hochzeit mit der Tochter vom benachbarten Edelhof.

Am Tag nach der Trauung wanderten Georg und Hartlieb durch den Wald. Sie schmiedeten Pläne für die Zukunft. Hartlieb wollte Holz fällen und ein Haus für sich bauen. Während sie so miteinander sprachen, merkten sie nicht, dass sie immer höher kamen. Plötzlich sahen sie das alte Tor der Burg vor sich. „Weißt du noch, wie krank Ida damals war?", fragte Hartlieb.

„Ja, und die rote Rose hat sie gesund gemacht!" Georg war plötzlich ganz aufgeregt. „Komm, wir sehen nach, ob die beiden Rosensträucher noch stehen!"

Die beiden jungen Männer liefen durch das Tor. Im Hof, hinter dem Brunnen, standen zwei junge Frauen, die schauten in seine Tiefe und beugten sich über den Rand des Brunnens.

Erstaunt blieben Georg und Hartlieb stehen. Die beiden Frauen waren ungefähr so alt wie die jungen Männer, aber sie trugen Kleider, wie sie vor vielen Jahren modern waren. Im Treppenhaus ihres Vaters hingen Bilder aus dieser vergangenen Zeit.

„Was sucht ihr? Ist euch etwas in den Brunnen gefallen?"

Georg rief die beiden Frauen an. Und Hartlieb setzte dazu: „Braucht ihr Hilfe?"

Die Frauen schauten auf. Einer fielen lange goldblonde Locken auf die Schultern und ihre blauen Augen strahlten. So hatte Ida die Frau beschrieben, die ihr damals die weiße Rose geschenkt hatte.

Die andere war braunhaarig und ihre Augen fast schwarz. „Geht, geht nur gleich!" Die Augen der Dunkelhaarigen blitzten ärgerlich. „So geht schon!"

Doch die Blonde legte ihr die Hand beruhigend auf den Arm und schüttelte leicht den Kopf. „Seid gegrüßt, ihr jungen Männer der Gegenwart", sagte sie sanft. „Es kommt selten vor, dass sich jemand von euch hierher verirrt."

„Lass sie gehen, Luise. Schick sie weg!", rief die andere dazwischen. „Sie verraten uns und unser Geheimnis."

„Oh, nein, Magdalena. Sie kommen ja aus einer anderen Zeit. Vielleicht können sie den Bann brechen, der uns in den Kellern der Burgruine festhält." Die Blonde schüttelte ihre Locken. Sie schaute Hartlieb so tief in die Augen, dass ihm das Blut ins Gesicht stieg.

„Ida lebt!", rief er. „Und ich liebe sie." Er war selbst erschrocken vom Klang seiner Stimme. Niemandem hatte Hartlieb bisher sein Geheimnis verraten. Denn er konnte Ida ja nicht heiraten. Er musste sich eine Adlige zur Frau suchen. Eine, die zu seinem Stand passte. Ida aber war das Kind eines armen Holzfällers. Erstaunt sah Georg seinen Bruder an. „Das also ist dein Geheimnis! Darum willst du ein Haus bauen!"

„Ja, das will ich", sagte Hartlieb fest. „Und übers Jahr heirate ich Ida." Er drehte sich auf dem Absatz um und lief den Berg hinunter, so schnell er konnte.

Georg stand allein mit den Frauen am Brunnen. „Es wird eine Zeit kommen", sagte die blonde Frau und nun schaute sie Georg so fest in die Augen, „da zählt es nicht mehr, ob man adlig ist oder nicht. Magdalena und ich sind nicht mehr lebendig. Wir haben in unserer Zeit einen schlimmen Fehler gemacht und müssen deshalb den Schatz bewachen, der im Keller des Schlosses vergraben liegt. Aber sag deinem Bruder, er soll den Ahornbaum fällen, der am Fuße der Burg wächst. Wenn er daraus eine Wiege baut und sein Kind hineinlegt, werden wir erlöst sein."

Beide Frauen verschwanden, sie lösten sich in weißen Nebel auf. Georg hörte nur noch ein leises Schluchzen.

„Das ist die Dunkelhaarige", murmelte er vor sich hin. In diesem Augenblick sah er Hartlieb, der zurückgekommen war. „Was sollst du mir sagen?", fragte der. Da nahm Georg seinen Bruder in die Arme und hielt ihn ganz

fest. „Wir suchen den Ahorn und bauen eine Wiege für dein Kind. Das wolltest du mir doch erzählen, Hartlieb. Ida bekommt dein Kind! Du musst sie heiraten!"

Die Brüder suchten und fanden den Ahornbaum und Hartlieb baute eine Wiege aus seinem Holz. Übers Jahr gebar Ida einen Sohn und Georg legte das Kind am Tauftag in die Wiege. Abends leuchtete goldrot die Sonne hinter der Burgruine. Es sah aus, als stiegen die erlösten Geister in den Himmel auf. Hartlieb aber fand einen Beutel mit alten Goldmünzen neben seinem Bett. „Das ist für meinen Sohn!", sagte er. „Wenn er erwachsen wird, bekommt er den Beutel."

Die Schalksburg lag auf der Schwäbischen Alb und war eine der Höhenburgen am Traufgang, sechs Kilometer südöstlich der Stadt Balingen. Sie lag zwischen Burgfelden und Laufen am Flüsschen Eyach.

Die Burganlage war flächenmäßig die größte der Schwäbischen Alb. Heute steht ein Aussichtsturm aus groben Steinquadern auf der Hochfläche. Man hat einen herrlichen Ausblick über das Land und kann viele schöne Wanderungen auf der Alb machen (Anfahrt über B 27).

Das kalte Herz

Peter Munk saß an seinem Kohlenmeiler mitten im tiefen Schwarzwald und bewachte das Feuer, das Holzkohle aus Stücken von Holz brennen sollte. Peter dachte an das Fest, bei dem er gestern gewesen war, und er beneidete die drei reichen Männer, mit denen er niemals würde Schritt halten können. Den dicken Ezechiel mit der roten Nase, der unermesslich viel Geld hatte, den langen dürren Schlurker, der ebenso reich war, der sein Holz den Mynheers in Holland für viel Geld verkaufte, und den Tanzboden-König, der jedes Mädchen so lange im Tanz herumschwenkte, bis sie ihn liebte. – „Ja", dachte Peter Munk, „so einer wär ich auch gern!"

Peter hatte das Kohlenbrennen von seinem armen Vater gelernt, der am Husten gestorben war. Nun würde es ihm genauso gehen, wenn er nicht endlich herausfand, wie er reich werden könnte.

Es raschelte hinter ihm im Wald. Peter schaute sich um. War es das Glasmännlein? Der kleine gute Geist des Schwarzwaldes. Wenn er nur den Spruch wüsste, mit dem man ihn rufen konnte! Leider kannte er nur die ersten Zeilen: „Schatzhauser im grünen Tannenwald, bist schon viel hundert Jahre alt. Dir gehört alles Land, wo die Tannen stehen."

Seine Mutter hatte gesagt, er müsse den nächsten Reim selber finden.

Die Leute im Wald erzählten sich allerlei Geschichten, wie das Glasmännlein dem oder jenem geholfen hatte. Aber leider wusste Peter den letzten Satz des Spruches nicht, mit dem man es rufen konnte. Dabei sah er es genau vor sich, das Männlein war nicht größer als ein Schulkind. Es trug einen spitzen Hut mit breiter Krempe und eine schwarze Weste wie aus Glas. Überhaupt glänzten die Kleider des Glasmännleins, als wären sie aus Glas geblasen.

Wie er so nachdachte, reifte der Gedanke in Peter. „Ich geh das Glasmännlein suchen und frag es, wie ich reich werden kann. So reich wie der dicke Ezechiel!"

Seine Mutter hatte ihm ja versichert, dass Peter an einem Sonntag geboren worden war. Sie hatte ihm gesagt, dass das Geistlein nur Sonntagskindern erscheinen würde, die das Sprüchlein aufsagten. „Ja, das Sprüchlein! – Egal", dachte Peter, „ich gehe einfach in den Tannenbühl. Es wird mir schon einfallen, wie der Spruch heißt, der den Schatzhauser herbeiruft."

Das Geistlein sollte im Tannenbühl wohnen. Dort war es einsam und die Tannen standen dicht beisammen. Niemand traute sich, sie zu fällen, seit einmal die Axt einem Holzfäller in die Beine geschlagen hatte. Peter stieg bergauf, erreichte den höchsten Punkt des Tannenbühls und sah sich um. Guckte da nicht ein winziges Männlein hinter der dicken Tanne hervor? Peter sah den spitzen Hut, das schwarze Wams, die roten Strümpfe. Schnell rief er die Zauberformel. „Schatzhauser im grünen Tannenwald …" Aber – nur ein Eichhörnchen huschte die Tanne empor. Peter gab auf und lief, so rasch er konnte, den Berg wieder hinunter.

Dabei achtete er nicht auf den Weg und erreichte gegen Abend die andere Seite des großen Waldes, in der die Holzfäller wohnten. Er kam an ein Haus, pochte an die Tür und bat um ein Nachtlager. Freundlich wurde er aufgenommen, bekam zu trinken und ein Abendessen. Es gab gebratenen Auerhahn und der Großvater erzählte vom Holzfäller Michel, den er Holländer-Michel nannte. Draußen toste und tobte der Sturm im Wald und rüttelte an Fensterläden und Türen.

Die Hausfrau gab Peter ein Kissen, das mit Laub gefüllt war. Darauf legte er seinen Kopf, schlief ein und träumte schwer vom Holzfäller-Michel, der ihm durchs Fenster einen Beutel voll Gold reichte. Benommen wachte er auf und hörte einen Wandergesellen am Haus vorübergehen und singen.

„… da hab ich sie gesehen, zum allerletzten Mal."

Peter sprang auf und lief dem Burschen hinterher. „Gesehen", so hieß das Wort, das sich auf „stehen" reimte. Während er an seinem Reim bastelte, bemerkte er einen großen kräftigen Mann, der neben ihm herging und seine Stange in den Boden stieß.

„Peter Munk, was willst du im Tannenbühl?" Die Stimme des Mannes dröhnte Peter in den Ohren. Das war kein anderer als der Holländer-Michel, der Holzfäller reich machte. Peter lief es eiskalt über den Rücken. Er sah den schmalen Graben vor sich, der die Grenze bedeutete, über die durfte der Michel nicht hinüber. Dahinter begann das Land des Glasbläser-Männleins. Peter lief, so rasch er konnte, und sprang. Doch der Michel warf seinen langen Stab, der verwandelte sich in eine Schlange, die mit giftigem Gezische nach Peter schnappte.

Plötzlich stieß ein großer Vogel nach der Schlange und schnappte sie. Peter hörte das wütende Geschrei des Holländer-Michels.

Schnell sprach Peter den Spruch mit seinem neuen Satz:
„Schatzhauser im grünen Tannenwald,
bist schon viel hundert Jahre alt.
Dein ist all Land, wo die Tannen stehen,
lässt dich nur Sonntagskindern sehen!"

Da stand das Glasmännlein neben ihm und lächelte freundlich. „Du bist ein guter Kerl, Peter", sprach der Schatzhauser. „Auch wenn dein Spruch nur so ungefähr stimmt. Ich lass ihn gelten. Du hast drei Wünsche frei. Überleg aber gut, was du dir wünschst."

„Ich will so tanzen können wie der Tanzboden-König und immer so viel Geld in der Tasche haben wie Ezechiel!", rief Peter. Das Glasmännlein wiegte traurig den Kopf. Aber Peter wünschte sich gleich eine gute Glashütte. Der Schatzhauser sagte. „Dein zweiter Wunsch ist nicht schlecht. Du hättest dir Verstand dazu wünschen sollen. Nun behalte ich den dritten Wunsch. Du magst ihn später verwenden." Damit verschwand das Glasmännlein und ließ Peter nur ein Beutelchen voller Goldmünzen.

Nachdenklich wanderte Peter zum Haus seiner Mutter. Die erzählte ihm gleich, dass die große Glashütte verkauft werden sollte, weil ihr Besitzer gestorben sei. Peter Munk verhandelte mit den Erben und übernahm die Glashütte mitsamt den Glasbläsern. Er bezahlte mit den Münzen aus dem Beutel.

Die Glasbläserei gefiel dem Peter Munk. Er kümmerte sich nur nicht darum, wo er das Glas gut verkaufen konnte. Abends ging er ins Wirtshaus. Er tanzte besser als der Tanzboden-König. Die anderen nannten ihn Tanzboden-Kaiser. Wenn er mit dem Schlurker oder dem dicken Ezechiel knobelte, gewann er immer. Es hätte alles gut sein können, doch Kohlenmunk-Peter spielte ohne Verstand, häufte Geld auf dem Spieltisch an, und vergaß, dass er stets nur so viel Geld in der Tasche hatte wie Ezechiel. Und diesmal hatte Ezechiel keinen einzigen Kreuzer mehr. Und Peter ebenso wenig!

Draußen vor dem Wirtshaus wartete der Holländer-Michel auf ihn und nahm ihn mit in sein Haus jenseits einer tiefen Schlucht. Das Haus war gemütlich wie ein großes Bauernhaus und genauso eingerichtet. Mit Tisch, Eckbank und Kachelofen. An der Wand tickte eine Kuckucksuhr und schlug die Stunde.

„Ich geb dir hunderttausend Gulden, gib mir nur dein Herz dafür", sprach der Holländer-Michel. Peter erschrak. „Ohne mein Herz kann ich nicht leben!", rief er. Der geisterhafte Michel lachte und zeigte ihm die Herzen der Menschen, die er schon ausgetauscht hatte. Sie schwammen in einer

Nährlösung, jedes Herz in einem Glas. Peter wurde es schwarz vor den Augen. „Gib mir Bedenkzeit", bat er.

Es war Montag, früh morgens. Peter sprang aus dem Bett, fuhr in die Kleider und lief zu seiner Glashütte. Doch dort erwartete ihn der Amtmann, dessen Herz er beim Holländer-Michel im Glas gesehen hatte. Eiskalt hielt der ihm ein Schreiben hin, dass die Glashütte verpfändet sei, ebenso sein Haus und all sein Gut. Das hatte Peter Munk bereits unterschrieben. Ihm blieb nur noch ein Pferd und eine Kutsche. Hatte er auch sein Herz an den Holländer-Michel verschrieben? Er wusste es nicht. Er spürte nur, dass es still und kalt in ihm war. Er konnte sich nicht mehr fürchten, sich nicht freuen.

In der Kutsche fand er Kleider und eine Tasche voller Geld. So fuhr er zwei Jahre lang in der Welt umher. Er sah große Städte, sah Flüsse und Berge, sah reiche und arme Menschen, aber sein Herz blieb immer gleichgültig und kalt.

Endlich kam Peter auf den Gedanken, er könnte heiraten und am besten eine Frau aus dem Schwarzwald. Zu dieser Zeit betrieb Peter Munk Holzhandel und er dachte an die schönen hohen Tannen seiner Heimat, die er fällen und zu Mastbäumen für Schiffe verarbeiten könnte.

Auf dem Weg nach Hause hörte er von einem armen Holzfäller-Mädchen, das Lisbeth hieß und seinem Vater den Haushalt führte. Lisbeth wohnte in der Nachbarschaft von Peters Mutter. „Da spar ich mir einen Weg", dachte Peter, bot dem Vater Geld und warb um die schöne Lisbeth, denn er konnte ja keine Liebe empfinden. Er war nur stolz, weil ihn seine Freunde um Lisbeth beneideten.

Von nun an saß Lisbeth oft vor dem Haus webte oder spann und wartete auf Peter, der mit den Holzstämmen über die Nagold und den Neckar zum Rhein fuhr, Holz verkaufte und immer reicher wurde.

Wenn Bettler vorbeikamen, gab sie ihnen zu essen und zu trinken und sprach freundlich mit ihnen. Einmal kam Peter früher nach Hause und

wurde sehr ärgerlich, als er den gedeckten Tisch sah. Er vertrieb die Bettler und jagte sogar seine eigene Mutter mit fort, die Lisbeth beim Auftragen der Speisen geholfen hatte. Lisbeth musste versprechen, niemanden mehr einzuladen, wenn Peter nicht zu Hause war.

Und doch geschah es, dass ein sehr altes Männlein angewankt kam, als Peter mit einem Floß unterwegs war. Es war ein heißer Tag und das Männlein bat Lisbeth um einen Schluck Wasser.

„Ach, mein Mann ist nicht da", sagte Lisbeth vor sich hin und goss Wein in den Krug. Sie legte ein frischgebackenes Roggenbrot dazu und speiste den alten Bettler. Der aber war niemand anders als der Schatzhauser, das Glasmännlein. Kaum hatte das Glasmännlein den Krug erhoben, da rauschte es im Wald und Peter Munk stand da mit rotem Kopf und hob die Reitpeitsche gegen seine Frau. Lisbeth stürzte und sank dem Schatzhauser wie tot in die Arme. Peter erschrak sehr. Er beschimpfte das Glasmännlein und gab ihm die Schuld an Lisbeths Tod. Der Waldgeist aber wuchs plötzlich, wurde mächtig und riesengroß. Er packte den Peter Munk und warf ihn zu Boden. „Bekehrst du dich nicht zum Guten, so komme ich wieder und zermalme dich!", rief er und verschwand.

Einige Männer fanden den reichen Peter. Sie besprizten ihn mit Wasser und erweckten ihn wieder zum Leben. Allerdings wussten sie nicht, wo Lisbeth ist. Peter quälte sich. Sein Herz war immer noch kalt. Er hörte aber Lisbeths Stimme im Traum und das verwirrte ihn noch mehr. Am nächsten Abend traf er Ezechiel im Wirtshaus und fragte ihn: „Was geschieht mit einem, der kein Herz im Leib hat, wenn er stirbt?"

Ezechiel merkte, dass Peter Munk über ihn Bescheid wusste. Er lachte und sagte: „Was kümmert dich das? Hast ja hier alles, was du zum Leben brauchst!"

Dem Peter Munk war nicht mehr wohl mit seinem Herzen aus Stein. Er erinnerte sich an seinen letzten Wunsch und rief den Schatzhauser. Der ver-

riet ihm, wie Peter sein lebendiges Herz zurückbekommen könne. Er gab ihm ein kleines Kreuz aus klarem Glas.

Mut hatte Peter selbst. Er brachte den Michel dazu, sein lebendiges Herz aus dem Glas zu nehmen, den Stein aus Peters Brust und das lebende Herz wiedereinzusetzen. Damit wollte der Michel beweisen, dass er zaubern konnte. Als Peter dem Holländer-Michel dann das Kreuz vors Gesicht hielt, zerbarst die Macht des schlimmen Geistes. Peter fühlte, wie sein lebendiges Herz plötzlich warm in der Brust schlug.

Lisbeth und Peters Mutter tauchten wieder auf. Sie verziehen Peter und umarmten ihn. Lange Jahre haben sie noch in Frieden und Freude miteinander gelebt.

Der Dichter Wilhelm Hauff hat das Märchen in seiner Geschichte vom „Wirtshaus im Spessart" erzählt. Er berichtet auch davon, wie es damals im Schwarzwald ausgesehen hat.

Die Glasbläserei, das Uhrenhandwerk und später die Flößerei waren neben dem Köhlerhandwerk die Einnahmequellen. Arm und Reich standen in krassem Gegensatz einander gegenüber.

Die „Köhler vom Schwäbischen Wald" laden jedes Jahr im August zu einem Köhlerfest auf den Schautenhof (Ziegenhof Kohl) ein. Hier kann man sehen, wie ein Kohlenmeiler aufgebaut wird, in dem Buchenholz zu Holzkohle verkohlt wird. Der Schautenhof liegt an der Straße zwischen Breitenfürst und Pfahlbronn, in unmittelbarer Nähe vom Golfplatz Haghof (Anfahrt über B 29).

Das Hornberger Schießen

Hornberg war damals ein kleiner Ort im Schwarzwald. Und dort herrschte große Unruhe. „Der Herzog kommt! Der Herzog kommt!", hieß es und der ganze Ort stand auf dem Kopf.

Die Männer durchsuchten die Waffenkammer nach Pulver, um die beiden Kanonen zu füllen. Zu Ehren des herzoglichen Besuches, wollten die Hornberger Freudenschüsse abfeuern, dass das ganze Tal widerhallte. Sie liebten Herzog Johann. Und dass er in ihre kleine Burg einkehren würde, fanden sie sehr aufregend. Alle Frauen schmückten ihre Häuser mit Blumenkästen und grünen Girlanden. Sie wuschen die Festtagskleider und legten sie in die Sonne zum Trocknen. Sie bürsteten die Trachtenhüte mit den roten Bommeln aus.

Der Wirt ließ braten und kochen und kühlte Wein und Bier. Der Bäcker buk Kuchen und der Leineweber wob ein großes Tuch, das den Tisch bedeckte, den der Tischler mit seinen Gehilfen extra für die festliche Tafel zurechtgezimmert hatte.

Besonders geschrubbt wurden die beiden Kanonen. Und das war viel Arbeit, denn seit dem letzten Krieg waren Jahre vergangen und niemand hatte sich die Mühe gemacht, den Dreck und Ruß auszukehren. Jetzt beeilten sich die Helfer, die Kanonen auf den Burgberg zu fahren und alles für das Empfangsschießen vorzubereiten.

Natürlich wurden auch Späher rund um den Ort aufgestellt. Eine Kette von Menschen meldete den Reiseverlauf des Zuges. Das war gar nicht einfach, denn es gab damals ja noch kein Telefon. Also ritten die schnellsten Reiter von einer Wachstation zur nächsten und gaben die Nachricht, wo sich der Herzog befand, weiter.

Im Rathaus fand eine große Versammlung statt. Es sollte ausgelost werden, wer den Herzog begrüßen würde. Nun wohnten damals nur wenige Familien in dem kleinen Ort. Und jeder Familienvater wollte zur Begrüßung dabei sein. Jeder hatte ein Geschenk für den Herzog mitgebracht. Und jeder fand, sein Geschenk sei das Beste. Da waren Schafe, Ziegen, Schweine, Gänse und Hühner. Sogar eine Kuh war dabei. Die stammte vom reichsten Bauern, der sein bestes Wams angezogen hatte und seinen runden Bauch vorstreckte. Die Kuh trug eine Glocke um den Hals und ihre Hörner waren mit Blumen umwunden.

Hannes, der Bürgermeister, wusste nicht, wie er entscheiden sollte. Er bat den obersten Polizisten, zuerst einmal alle lebenden Tiere aus dem Haus zu bringen. „Im Garten können sie sich aufhalten. Lass sie bewachen." Der Oberpolizist wollte aber selbst gern den hohen Gast begrüßen und stellte seinen Sohn Georg und die Tochter des Bürgermeisters, die Margarete, zur Bewachung der Tiere an.

Margarete und Georg holten ihre besten Freunde, und so füllte sich der Garten des Bürgermeisters bald mit Kindern, denn jedes Kind hatte ja noch einen zweitbesten Freund. Und den brachte es mit.

Während die Männer berieten, kamen die Frauen zusammen, drückten ihre Nasen an den Fensterscheiben der Bürgermeisterei platt und riefen:
„Wir wollen auch mit abstimmen!"
„Wir wollen auch den Herzog begrüßen!"

An diesem Tag endete alles in einem großen Getöse und Geschrei. Schließlich gab der Pfarrer dem Bürgermeister einen guten Rat: „Lass doch das ganze Dorf im Burghof stehen und übt alle zusammen ein Begrüßungslied ein! Der Herr Lehrer soll ein Lied erfinden und vertonen!"

Damit waren die Hornberger sehr zufrieden. Und die Musiker mit dem Kirchenchor übten gleich auf den Trompeten und Hörnern das neue Lied ein.

Es klang so:
„Willkommen, oh Herzog, oh Herzog, Juhu!
Es jubeln vor Freuden ja alle dir zu.
Wir neigen das Haupt und wir beugen das Knie.
Wir schenken dir gerne von unserem Vieh!"

Nach dieser Strophe sollten die Kinder sämtliche Tiere dem Herzog zuführen. Die Böllerschüsse sollten dröhnen und krachen und das große Fest zu Ehren des Herzogs sollte beginnen. Die Festgemeinde war zeitig auf den Beinen. Schnell fegten sie noch einmal alle Straßen und sprengten Wasser darauf, damit es nicht staubte, wenn Pferde und Wagen darüberfuhren.

Der Schullehrer hatte eine Woche lang jeden Abend mit allen Erwachsenen des Ortes das neue Lied eingeübt. Der Posaunenchor probte ebenfalls.

Das Lied hatte nur diese eine Strophe. Darum wurde der erste und der zweite Vers auch am Ende wiederholt. Die Böllerschüsse wurden nicht geprobt, dafür war zu wenig Pulver vorhanden. Aber das würde schon für drei kräftige Böllerschüsse ausreichen!

Das Rathaus wurde geschmückt und die Mädchen flochten Blumenkränze, die sie am Ehrentag aufsetzen wollten.

Es war mitten in der goldenen Sommerzeit und schon morgens recht warm. Bald schon schwitzten alle in ihren prächtigen Festgewändern und wischten sich den Schweiß von den Stirnen. Leider war weit und breit keine Spur vom Herzog und seinem Gefolge zu sehen. Der Späher auf dem Turm der Burg winkte jedesmal ab, wenn er gefragt wurde. Den Sängern wurde langsam die Kehle trocken. Sie wären gern fertig gewesen mit der Feierlichkeit und hätten lieber auf dem Marktplatz gegessen und getrunken.

Die kleinen Kinder jammerten und schliefen auf den Armen ihrer Mütter ein. Die großen Jungs zupften welke Blüten aus den Kränzen der Mädchen. Sie bewarfen sich gegenseitig damit. Nur der Posaunenchor spielte schon zum zehnten Mal das Begrüßungslied. Das Volk sang müde und lustlos mit.

Die Tochter des Bürgermeisters Margarete und Georg, der Sohn des Oberpolizisten, standen still wie Schildwachen und hüteten die Tiere im Garten von Margaretes Vater.

Längst waren die meisten Freunde verschwunden. Nur noch die treuesten harrten aus. Margarete hatte ihren Blumenkranz über Nacht in einen Teller voll Wasser gelegt. So war er nicht nur frisch geblieben, er tropfte ihr auch das Haar nass, so schwitzte sie nicht. Und Georg spottete: „Du heulst ja!", weil ihr das Wasser über die Backen lief.

Plötzlich – die Zeit des Mittagessens war schon vorbei – rief Mathes, der den Turm bewachte: „Da kommt einer angerannt!"

Sofort wurden alle wach und spitzten die Ohren. Tatsächlich hörte man bald den Herbeirennenden keuchen.

„Sie kommen!", schrie er mit letzter Kraft. Das gesamte Hornberg stand stramm! Sobald der Wächter auf dem Turm die ersten Pferde aus dem Wald auftauchen sah, gab er das Zeichen, und der Oberpolizist zündete gemeinsam mit dem Oberpostmeister die erste Kanone. Das Pulver reichte genau für drei Donnerschläge. „Das haben wir gut berechnet!". Die Männer drückten einander die Hände und beglückwünschten sich.

Glücklich stürmten alle aus dem Burghof und stürzten sich auf die Bierfässer, während die Reiter zufrieden den Bürgermeister begrüßten.

„Wir sind nur die Vorhut", sagten sie. „Der Herzog kommt in der nächsten halben Stunde!"

„In der nächsten halben Stunde?" Betroffen schauten der Bürgermeister und seine Ratsherren einander an. Nur der Braumeister fasste sich und schenkte den Reitern der Vorhut Bier ein.

So kam es, dass ein Häuflein Tiere und Kinder zusammen mit dem Pfarrer und dem Dorfschullehrer den Herzog begrüßten, als er endlich in Burg Hornberg einzog. Margarete überreichte dem hohen Herrn ihr nasses Blumenkränzchen und Georg ritt ihm auf der Kuh entgegen.

Im ganzen „Ländle" aber lachte man über die eifrigen Hornberger, die ihr Pulver verschossen hatten, bevor der ersehnte Gast eintraf. Und von da an hieß es, wenn eine Sache gründlich schief geht: „Es geht aus wie das Hornberger Schießen!"

Hornberg ist heute ein hübsches Ausflugsziel. Beim jährlichen Heimatfest wird feierlich an das „Hornberger Schießen" gedacht, das zum Wahrzeichen der Stadt wurde. Zu den Trachten gehört der Hut mit den roten Bommeln, der hier erfunden wurde. Aber auch ein Strohhut nach der Tradition von Vorderösterreich gehört hierher und lässt an den geliebten, volksnahen Herzog Johann denken.

Heute sind von der ehemaligen Burganlage der 30 Meter hohe Schlossturm, der Pulverturm, das Aussichtsrondell und das erst Ende des 19. Jahrhundert erbaute „Neue Schloss" (heute Hotel Schloss Hornberg) noch erhalten und bieten eine wunderschöne Aussicht auf das Gutachtal. Der Hornberger Schlossberg hat für jeden etwas zu bieten, egal ob Jung oder Alt (Anfahrt über A 81).

Zwei halbe Ringe

Auf der Schwäbischen Alb lag einst eine große Burg. Ein Wassergraben umzog sie und von ihren Türmen konnte man weit übers Land sehen. Gunnar hieß der Fürst dieser Festung. Er war noch jung und ein tapferer Krieger.

Erst vor einem halben Jahr hatte er geheiratet. Seine schöne Frau hieß Gunhilde und die Menschen in den Dörfern erinnerten sich noch gut an das rauschende Fest, das Gunnar und Gunhilde zu ihrer Hochzeit gegeben hatten. „Sie passen gut zusammen!", sagten die Leute in den Dörfern. „Gunnar und Gunhilde", sagten sie, „das klingt, als habe der Himmlische Vater höchstselbst die beiden zusammengeführt!"

Und es schien wirklich so, als würde dieser Bund für das Leben geschmiedet sein, denn die beiden liebten einander von ganzem Herzen. Wenn Gunnar auf die Jagd ging, wartete Gunhilde auf ihren Mann und stand auf dem höchsten Turm, um die Erste zu sein, die ihn sah, wenn er heimwärts ritt. Dann ließ sie die Fanfare blasen und Gunnar blies zurück.

Doch so sollte es nicht bleiben. Ein Bote kam vom kaiserlichen Hof. Er berief Gunnar nach Stuttgart und von dort aus sollte er mit dem Heer nach Jerusalem ziehen, um das Grab Christi zu befreien. Eigentlich war das Unsinn, denn die Araber, die dort lebten und Jerusalem mitsamt dem Grab für sich beanspruchten, glaubten auch an Gott, den sie Allah nannten. Doch verhielten sich Christen und Moslems wie zwei Brüder, die sich um dasselbe Spielzeug stritten. Und jeder meinte, nur, wenn er es dem anderen wegnahm, hätte er etwas Gottwohlgefälliges getan.

Gunnar wusste selbst nicht, ob es richtig war, wenn er seine Burg, sein Stück Land und vor allem seine liebe Frau verließ. Aber ihn lockte auch das Abenteuer der weiten Reise und so gab er dem Boten sein Wort.

Gunhilde weinte. Sie fürchtete, ihren Mann niemals mehr wiederzusehen. „Bleib doch hier", bat sie ihn. „Wir bekommen ein Kind. Es wird groß sein, bis du von deiner Reise zurück bist!"

Gunnar tröstete seine Frau. Er strich ihr liebevoll übers Haar. „Ich lasse dir ein Pfand da", sagte er und nahm den Ring, den ihm sein Vater gegeben hatte vom Finger. „Schau her!"

Gunnar zog sein Schwert aus der Scheide, legte den Ring auf den Tisch und zerhieb ihn mit einem Schlag in zwei gleiche Teile. „Solange wir getrennt sind, soll jeder von uns eine Hälfte des Ringes an den anderen erinnern. Und wenn ich zurück bin, lassen wir die Hälften wieder zusammenschweißen!" Gunnar umarmte seine Frau und küsste sie. Der Schmied musste an jede Ringhälfte eine Kette schmieden. Gunnar legte die eine Hälfte Gunhilde um den Hals und die andere sich selbst. Gunhilde weinte trotzdem, als Gunnar mit seinen Getreuen aufbrach und sich dem Heer der Ritter und Fürsten anschloss, das ins ferne Jerusalem zog.

Es dauerte nicht lange, da besuchte der Bruder des fürstlichen Nachbarn die traurige Gunhilde. Edelbert war ein hübscher Mann mit blonden Locken und freundlichen blauen Augen. Als Gunhilde noch nicht verheiratet war, hatte er um sie geworben. Jetzt knüpfte er an diese Zeit an und tröstete Gunhilde. „Dein Mann wird sicher bald wieder nach Hause kommen!", sagte er und fügte hinzu, wie gefährlich doch die Reise übers Meer sei und wie viele Schiffe untergingen. „Aber du bist nicht allein, Gunhilde, ich komme dich oft besuchen. Vertrau mir!"

Gunhilde hielt ihren halben Ring mit einer Hand umschlossen. Im Herbst gebar sie Gunnars Sohn, den kleinen Gottlieb, und gab ihn der Amme. Nun hatte sie viel Zeit, um nachzudenken. Es kam ja nicht nur Edelbert zu Besuch. Über die Alb zog ein Minnesänger, der sich für den Winter einquartierte und schöne Lieder für Gunhilde dichtete.

Es kamen Boten, die brachten Nachrichten von Gunnar und blieben in der Burg, bis Gunhilde sie mit Geschenken und Botschaften an ihren Mann wegschickte. Im Frühling war schon das erste Jahr vergangen, seit Gunnar weit weg war.

Der Minnesänger nahm Abschied und versprach, wiederzukommen. Gunhilde schenkte ihm ein Pferd.

Der kleine Gottlieb konnte laufen. Gunhilde sehnte sich nach seinem Vater und der Sommer verging. Im Herbst kehrte der Minnesänger zurück und blieb den Winter über. Auch Edelbert blieb länger und als ein Bote mit der Nachricht kam, das Heer sei nun übers Meer gefahren, weinte Gunhilde und betete, dass Gott seine Hand über die Schiffe halten möge.

So vergingen die Jahre. Gunnar kam nicht wieder und spärlicher wurden die Nachrichten. Einmal hörte Gunhilde, dass viele Ritter bei einer Schlacht um Jerusalem umgekommen seien. Ihr Herz krampfte sich zusammen. Monatelang hoffte sie auf Nachricht, dass ihr Gunnar überlebt habe. Aber es erreichte nur ein Bote den Hof des Nachbars, Edelberts Bruder, der sagte, dass der Bruder lebe und bald nach Hause käme. Von Gunnar wusste er nichts.

Edelbert drängte nun Gunhilde. „Heirate mich! Ich ziehe zu dir und kümmere mich um deine Burg, wenn mein Bruder die seinige wieder übernimmt!"

Gunhilde überlegte, ob sie zusagen sollte. Gottlieb war inzwischen sechs Jahre alt. Er kannte seinen Vater nicht. Er liebte den Minnesänger, der ihm beigebracht hatte, wie man die Laute schlägt, und er liebte Edelbert, der ihn mit auf die Jagd nahm.

Immer noch umklammerte Gunhilde den halben Ring. Immer noch stand sie auf dem hohen Turm und hielt Ausschau nach Gunnar.

Aber inzwischen mochte sie Edelbert sehr gern und auch den Minnesänger hatte sie ins Herz geschlossen. „Was soll ich nur tun?", dachte sie, wenn sie abends übers Land schaute. Dann brannte der halbe Ring in ihrer Hand wie ein geheimes Feuer.

Aber ob sie Gunnar wirklich noch liebte, wusste Gunhilde nicht mehr. So gab sie ihr Ja-Wort dem Ritter Edelbert und begann die neue Hochzeit vorzubereiten. Edelbert freute sich sehr. Sicher, er liebte Gunhilde, aber er würde auch Herr über Gunnars Reich werden. Gunnar lebte nicht mehr, da war Edelbert sich sicher.

Gunhilde stand wie an jedem Abend auf der Zinne des Turmes. Sie hielt den halben Ring mit der Hand umfasst. Eben ging die Wintersonne über dem Schneefeld unter und färbte den Himmel tiefrot.

Da tauchte ein einsamer Reiter aus dem Wald auf. Gunhilde kniff die Augen zusammen. So war Gunnar immer geritten, wenn er von der Jagd kam! Aber nein, das konnte ja nicht sein. Gunnar war entweder im Land der Sarazenen gefallen, oder er war bei der Überfahrt mit dem Schiff untergegangen.

„Warum nur klopft mein Herz so heftig? Warum brennt der Ring in meiner Hand?"

Der einsame Reiter trabte jetzt über das freie Schneefeld. Er kam näher und näher …

Jetzt erkannte ihn Gunhilde! Er war es! Gunnar kam nach sieben langen Jahren aus Jerusalem zurück!

Gunhilde stürmte die vielen Treppen hinunter und rief ihr Gesinde zusammen. Froh und glücklich lag sie in Gunnars Armen, während ihre Köchin alle guten Speisen auftrug, die Gunhilde für ihre Hochzeit mit Edelbert vorbereitet hatte.

Viel hatten die beiden einander zu erzählen. Sie brauchten die ganze Nacht dafür. Erst als die letzten Holzscheite verglühten, schliefen sie ein.

Am anderen Tag schweißte Gunnar die beiden Ringhälften wieder zusammen. Der Ring bekam einen schönen hölzernen Schrein und wurde später dem Gottlieb geschenkt, der ihn seinen Kindern zur Aufbewahrung gab.

Leider musste Gunhilde nun dem Edelbert absagen. Doch das tat sie gern. Edelbert war zuerst sehr traurig, aber dann freute er sich mit dem Paar und blieb für Gottlieb ein guter Onkel. Der Minnesänger aber dichtete ein neues Lied für den Heimkehrer und zog im nächsten Frühling wieder in die weite Welt.

So ganz genau weiß man nicht, wo Gunnars Burg gelegen hat. Auf der Schwäbischen Alb gab es viele Burgen. Vielleicht ist es die Ruine „Alt Lichtenstein". Sie liegt im Wald nahe von Schloss Lichtenstein, das allerdings viel später gebaut wurde. Von den alten Mauern kann man schöne Fotos machen und hat eine herrliche Aussicht über das Echaztal.

Eine dicke Liste der Albburgen und Ruinen findet ihr im Internet unter www.schwaebischealb.de/freizeittipps/burgen-ruinen-und-schloesser. Schön zu besichtigen ist die Bärenhöhle, die man vom Sonnenbühl aus erwandern kann (Anfahrt über B 27).

Die Welfensage

Graf Isenbart von Altdorf war reich und hatte eine schöne Frau, die Irmentrud hieß. Zu seinem Glück fehlte dem Grafen nur ein Sohn, der später alle Reichtümer erben würde. Aber so sehr der Graf sich auch ein Kind wünschte, Irmentrud wurde einfach nicht schwanger. Sie sah wohl, dass die Leute unterhalb der Burg arm waren und dennoch viele Kinder bekamen, die sie nur mühsam ernähren konnten. Und Irmentrud beneidete die armen Frauen, gab ihnen aber nichts von ihrem Überfluss ab.

Eines Tages klopfte eine junge Frau ans Schlosstor. Sie trug in jedem Arm ein Baby und hatte das Dritte auf den Rücken gebunden. An ihrem Rock hingen noch drei größere Kinder und zwei Jungen zogen den Leiterwagen, in dem die Frau ihr Hab und Gut verwahrte.

Irmentrud sah die Frau erstaunt an. Die war jung wie sie selbst und hatte schon so viele Kinder! Die schöne Irmentrud wurde kalt vor Neid.

„Mach, dass du weiterkommst!", rief sie. „Hier gibt es nichts für dich!"

„Ach bitte, habt Ihr nicht ein Stück Brot übrig für meine Kinder?", bat die arme Frau. „Wir haben heute noch nichts gegessen und nur aus der Quelle getrunken!"

„Was? Aus meiner Quelle habt ihr getrunken? Da geht nur gleich weiter! Dass eure schmutzigen Hände mir die Quelle verunreinigt haben, hat ja gerade noch gefehlt!", rief Irmentrud zornig und winkte dem Pferdeknecht, der eben in den Stall ging. Er trug einen Korb voller Äpfel und hielt den Kindern den offenen Korb hin. Hungrig griffen die Kinder zu und stritten sich um das Obst.

Irmentrud sah, dass die beiden Säuglinge bei der Mutter tranken, während das dritte Kind eingeschlafen war. Das reizte ihre Eifersucht und ihren Zorn noch mehr. „Verlasst sofort meinen Hof!", schrie sie und schwang die Reitgerte, die neben der Treppe stand.

Die fremde junge Frau wandte sich zum Gehen. Ihre Kinder weinten. Die drei Babys jammerten. „Wartet nur, bis ihr dreimal drei, nein, so viele Kinder habt wie das Jahr Monate!", rief die Frau. „Verflucht sollt ihr sein!", setzte sie leiser hinzu und lief mit ihrer Kinderschar den Burgweg hinunter.

Tatsächlich wurde Irmentrud bald danach schwanger. Graf Isenbart freute sich sehr. Seine Frau aber hatte ein seltsames Gefühl. Es kam ihr vor, als bewegten sich gleich mehrere Kinder in ihrem Leib. Als die neun Monate fast vorüber waren, hatte Graf Isenbart eine große Jagd anberaumt und viele Gäste aus der Nachbarschaft eingeladen. Irmentrud konnte sich kaum noch rühren, so prall war ihr Bauch geworden. Sie bat ihre Lieblingsmagd, während des Jagdfestes bei ihr zu bleiben und alles für die Geburt ihres Kindes vorzubereiten.

Damals konnte man noch nicht im Voraus feststellen, was das Kind für ein Geschlecht haben würde. Irmentrud dachte oft an den Fluch, den die arme Frau mit den vielen Kindern ausgesprochen hatte. Und es tat ihr leid, dass sie so grausam gewesen war und den Kindern nicht einmal die Äpfel gegönnt hatte, die der Knecht den Pferden geben wollte.

Nur die Magd Agate wachte bei Irmentrud. Sie war es auch, die mit großem Schrecken zwölf winzige Knäblein ans Licht der Welt holte. Irmentrud hielt nur den ersten Sohn im Arm. „Bring die andern zum Mühlenteich und ertränke sie!", stöhnte die Gräfin und war froh, dass Graf Isenbart auf seinem Jagdschloss weilte.

Die Magd Agate wickelte elf kleine Jungs in warme Tücher und legte sie in einen großen Korb. „Lauf!", rief Irmentrud ihr zu, „und sprich mit niemandem davon. Ich habe nur einen einzigen Sohn geboren. Hörst du?"

Agate versprach es und eilte mit dem Korb heimlich aus dem Schloss. Die Geburt des Kindes meldete der Diener des Grafen seinem Herrn. Isenbart stieg auf sein Pferd und trabte vom Jagdschloss nach Altenberg, wo die Magd Agate eben mit dem Korb voller Kinder durch das kleine Tor aus dem Schloss schlich, sich nach allen Seiten umsah und den Weg zur Mühle betrat.

Sie lief dem Grafen Isenbart genau vor sein Pferd. „Halt, Agate!" rief der Graf „Warum bist du nicht bei deiner Herrin?"

„Weil, weil, weil ich die Welpen ertränken soll!", stotterte Agate. Sie wollte sich am Pferd des Grafen vorbeidrücken.

Doch der Graf versperrte ihr mit der Reitgerte den Weg. „Lass sehen!", befahl er streng.

„Aber es sind doch nur junge Hunde!", wehrte sich die Magd.

Der Graf wurde jetzt erst recht misstrauisch. Er war nicht gewohnt, dass eine Magd nicht sofort gehorchte, wenn er etwas anordnete.

Er sprang vom Pferd und zog die Decke vom Korb. Da lagen die elf kleinen Welfen tatsächlich aneinander gekuschelt wie junge Hündchen. Der Graf zählte sie. „Gib mir den Korb", sagte er. „Und wehe dir, wenn du auch nur ein Sterbenswort über unsere Begegnung verlauten lässt! Hast du verstanden?"

Die Magd schwor Stein und Bein, dass sie nichts verraten würde. Der Graf ritt zur Mühle. „Schnell, Frau Müllerin!", rief er und überreichte ihr den Korb voller Kinder. „Sorgt gut für sie", sagte er zum Müller. „Ich werde immer wiederkommen, und nach ihnen sehen!" Er machte einen Beutel voller Geldstücke vom Gürtel los. „Nehmt das fürs Erste. Es soll euch und den Kindern an nichts fehlen."

Im Schloss umarmte Graf Isenbart seine Frau und tat, als sei nichts geschehen. Innerlich aber war er sehr aufgewühlt. Das war Irmentrud auch. Aber auch sie schwieg.

So wuchs der Erstgeborene als Einziger sechs Jahre lang im Schloss des Grafen auf. Seine Geschwister spielten unterdessen mit den elf Welpen, die von der besten Hündin Irmentruds geworfen wurden. Der erstgeborene Welfe bekam den kräftigsten der jungen Hunde als Spielgefährten und Ersatz für seine Geschwister.

Auch die Gräfin verlor niemals ein Wort über die Geburt der anderen Kinder und erst recht nicht über ihren Auftrag, die anderen zu ertränken. Wie mag sie sich gefühlt haben, als sie von den Kindern des Müllers hörte? Wer hat es ihr erzählt? Hatte sie gehofft, dass nichts von diesem Gerücht bis zu Graf Isenbart käme? Und dass ihr Sohn groß würde, ohne jemals von seinen Geschwistern zu erfahren?

Graf Isenbart hatte längst einen Plan. Die elf Welfen waren nun sechs Jahre alt und Isenbart ließ für alle schöne Kleider nähen. Dann lud er seine besten Freunde ein, ließ ein Festessen bereiten und den Tisch mit elf Gedecken zusätzlich vorbereiten.

„Für wen hast du zusätzlich elf Teller und elf Becher auf den Tisch stellen lassen?", fragte Irmentrud mit banger Stimme. „Lass dich überraschen!", antwortete Graf Isenbart.

Pünktlich zum Beginn des Essens hörte man Kinderstimmen im großen Saal. Angeführt vom Müller und seiner Frau betraten ihn elf kleine Jungen, die sich sehr ähnlich sahen. Sie trugen genau dieselben Hosen und Jacken wie ihr Bruder, der im Schloss aufgewachsen war. Sie waren auch allesamt genau so groß.

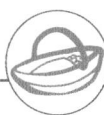

Die Freunde des Grafen staunten sehr. Irmentrud aber wurde blass wie die Wand: Das waren sie. Die Welfen, die sie wie junge Hunde, wie Welpen, ertränken wollte. Wie oft hatte sie es schon bereut! Jetzt warf sie sich dem Grafen zu Füßen und heiße Tränen stürzten aus ihren Augen. Sie konnte nicht sprechen.

Der Graf und seine Freunde ließen Gnade vor Recht ergehen. Irmentrud wurde nicht noch mehr bestraft. Sie zog alle zwölf Jungen groß und gründete so mit ihrem Mann zusammen das Geschlecht der Welfen, das es bis heute gibt.

Die Welfen gelten als das älteste Fürstengeschlecht Baden-Württembergs. Auf Welfen gehen viele Städtegründungen von München bis Lübeck zurück. Irgendwo zwischen Altdorf-Weingarten und Ravensburg muss auch die Stammburg der Welfen gelegen haben. Die Burg selbst ist abgebrannt. In Ravensburg steht eine späte Burganlage, die Veitsburg; von der Burgmauer aus hat man eine schöne Aussicht über die Stadt (Anfahrt über B 30 und A 8).

Es gab auch wirklich einen Grafen Isenbart und die schöne Frau Irmentrud. Sicher hat sie nur in der Sage zwölf Kinder auf einmal geboren. Die Zahl Zwölf ist den Monaten geschuldet. Aber das Geschlecht der Welfen bestand aus vielen Zweigen. Das Königreich Hannover regierte im 13. Jahrhundert sogar in England. Auf dem Martinsberg in Weingarten-Altdorf steht eine prächtige barocke Kirche mit einer berühmten Orgel. Und im Rathaus zu Weingarten gibt es ein historisches Gemälde auf einer Holztafel, das elf Welfenkinder zeigt, wie sie dem Vater und seinen Gästen vorgeführt werden. Das Zwölfte steht bereits brav am Tisch hinter seiner Mutter.

Der Bauer und die Schwäbische Eisenbahn

Die Ziege Rick war wieder mal schlecht gelaunt. Sie senkte den Kopf und stieß ihn gegen den Ziegenbock mit dem Bart, dass der das Weite suchte. In wilden Sprüngen rannte der Ziegenbock davon. Er durchbrach den Weidezaun und lief in den Wald. Der Bauer musste ihn lange suchen.

Darüber ärgerte sich Bauer Nikolaus Nolte, der in dem kleinen Ort nahe Biberach seinen Hof hatte. Er fluchte ganz gewaltig und jagte Rick auf die Weide.

„Warte du nur, du Mistvieh!", schrie er. „Wenn ich das nächste Mal nach Stuttgart zum Markt fahr, dann nehm ich dich mit und verkauf dich!"

„Mäh-Bäh", antwortete die Rick nur und tat, als könne sie kein Wässerchen trüben. Sie stolzierte ganz harmlos auf der Weide herum und zupfte die schönsten Gräslein.

Doch Nikolaus Nolte beobachtete sie und fand, dass er Rick wirklich besser verkaufen sollte. Sie schubste ständig andere Ziegen weg, so dass die sich laut beklagten.

„Frau, was meinst du?", fragte er sein angetrautes Eheweib. „Fahren wir am Samstag nach Stuttgart und verkaufen die störrische Ziege?"

Seine brave Frau Klara, wiegte den Kopf. „Wenn du meinst, Nikolaus, dann verkaufen wir die Rick. Aber es tut mir schon leid. Sie gibt viel Milch für Ziegenkäse."

„Ach was, wir verlangen einen guten Preis und du bekommst ein schönes, neues Halstuch!"

Damit war Klara einverstanden. Sie packte am Samstag in der Früh Brot, Butter, Eier und das große scharfe Brotmesser in den Henkelkorb.

Nikolaus guckte am Bahnhof nach der Abfahrtzeit der Schwäbischen Eisenbahn, die von Durlesbach und Meckenbeuren kommt und weiter über Biberach und Ulm bis Stuttgart fahren würde. Der Schalter war noch geschlossen. Nikolaus wischte die Gläser seiner Brille sauber, setzte sie auf und studierte den Fahrplan.

Endlich öffnete der Schalterbeamte sein Fenster. Bauer Nolte nahm den Hut ab, beugte sich zum Schalter. „Was kostet es für zwei Personen bis Stuttgart?", fragte er.

Der Beamte rechnete hin und her. Er fragte zweimal, ob Nikolaus wirklich bis Stuttgart fahren wolle. Schließlich nannte er den Preis. „So viel?", stöhnte der Bauer und der Beamte wollte wissen: „Ja, was wellet Se denn in Stuttgart?"

Nikolaus erzählte umständlich von der bockigen und streitlustigen Ziege Rick und die anderen Leute, die hinter dem Bauern standen, hörten zu und fanden auch, dass Nikolaus Nolte das ärgerliche Vieh besser verkaufen solle.

„Ja, gut", sagte der Beamte. „Dann brauchen Sie aber eine Fahrkarte für das Tier und das kostet noch einmal den halben Preis obendrauf."

Das war dem Bauern zu viel Geld.

„Überleg ich mir noch!", murmelte er, setzte seinen Hut wieder auf und tappte nach Hause.

Doch sein Klärle war überhaupt nicht zufrieden, dass die Reise nach Stuttgart nun ausfallen sollte. Sie hatte sich schon so schön ausgedacht, wie ihre Freundinnen staunen würden, wenn sie mit einem neuen bunten Tuch um die Schultern am Sonntag zur Kirche käme.

Nikolaus kratzte sich am Kopf. „Und wenn wir halt nur bis Biberach fahren?", überlegte er. „Da gibt's ja auch einen Wochenmarkt!"

Seine Frau sagte nichts. Die konnte, fand Bauer Nikolaus Nolte, genauso störrisch sein wie Ziege Rick. Stumm holte Klärle die alte Kaffeekanne mit dem abgebrochenen Schnabel und nahm den Deckel ab. Sie schüttete Groschen und Kreuzer heraus. Es würde locker für die dritte Fahrkarte reichen.

Da gab ihr Mann nach. Er holte die Geiß, bürstete ihr Fell und am anderen Tag kaufte er zwei Fahrkarten. Eine für sich und eine für seine Frau. Die Ziege Rick aber band er mit einem langen Strick am letzten Wagen des Zuges fest.

„So, nun lauf, Ziege, lauf, so schnell du kannst!" Er hielt dem Tier einen Strauß aus Gras und kräftigen Kräutern hin und die Ziege fraß.

Nikolaus setzte sich zu Klärle und zündete sich gemütlich eine Pfeife an. Langsam ruckelte und zuckelte das Bähnle aus dem Bahnhof. Bis Biberach am Riss war es nicht weit. Sobald der Zug anhielt, stieg der Bauer aus, um nach Rick zu sehen.

Aber wie staunte er, als er nur das leere Seil herunterbaumeln sah. Weit und breit keine Ziege! „Da werd ich wohl den Schuldigen finden!", rief er. „Was fährt der auch so schnell!"

Klärle guckte aus dem Fenster. „Was ist? Ist was?", wollte sie wissen. Inzwischen guckten alle Mitreisenden aus den Fenstern und ein Fahrgast hielt

den Schaffner fest, der eben seine Trillerpfeife am Mund hatte und zur Abfahrt pfeifen wollte. „Die Ziege fehlt!"

Schon kam Bauer Nikolaus zornsprühend angekeucht: „Wo ist meine Ziege?" Er wedelte mit einem Büschel Kraut, das er an Rick verfüttern wollte.

Der Schaffner zuckte mit den Schultern. „Ich hab keine Ziege gesehen", sagte er. „Die war hier hinten angebunden!", keifte Nikolaus.

Aus dem Fenster der Lokomotive guckte der Zugführer. „Kann ich jetzt fahren?"

„Nein!" schrie Nikolaus. Der Schaffner zückte sein Buch, in dem stand, wer alles eine Fahrkarte gelöst hatte. „Die Ziege hatte keine", wehrte sich der Schaffner. Doch Nikolaus rannte zur Lokomotive und brüllte den Zugführer an: „Warum fährst du auch so schnell, hä?"

In diesem Augenblick schrien und winkten die Fahrgäste: „Sie kommt!" – „Sie kommt!" – „Die Ziege kommt!"

Türen wurden aufgerissen, die Fahrgäste stürmten heraus und liefen an das Ende des „Zügles".

Sie kam tatsächlich. Rick, die Ziege meckerte und schimpfte und trabte auf den Schienen an. Sie wurde liebevoll begrüßt von Klara, die sie streichelte und ihr einen Kanten Brot ins Maul steckte. Der Bauer Nikolaus aber schmiss dem Zugführer wütend das Büschel Kraut ins Gesicht und rief: „Etzet kasch fahre, so schnell de willscht. Mir bleibet in Biberach!" Dem Schaffner streckte er die Hand hin: Gib mir's Geld z'ruck!"

Er nahm seine Frau unter den Arm und die Ziege Rick band er an den Strick. Zu Fuß wanderten alle drei nach Niederbiegen und behielten die meckernde Ziege bis an ihr Lebensende.

Aus der Sage ist ein bekanntes Lied entstanden, das bis heute überall in Schwaben gesungen wird: „Auf der Schwäb´schen Eisenbahne / Sind gar viele Haltstatione / Stuttgart, Ulm und Biberach / Meckenbeuren, Durlesbach."

In Durlesbach am Bahnhof steht sogar eine Skulptur vom Bauern, der seine Ziege am Seil führt.

Eine Museumsbahn, das „Öchsle", fährt mit Dampf von Biberach nach Ochsenhausen. Nahe Biberach gibt es einen Skulpturenpark, der auf einem Wiesenhang am Waldrand liegt. Im Wald lässt sich gut wandern und ein Grillplatz lädt zur Rast ein. Im Burrenwald befindet sich ein Kletterpark und das Jordanbad (Heilbad) birgt eine von Nonnen geleitete Sinnenwelt, in der Eltern und Kinder experimentieren können (Anfahrt über A 8).

Stuttgarter Märchenorte

Das Stuttgarter Hutzelmännchen ......

Zwergenmützchen oder warum Stuttgart so heißt ......

Die Geschichte vom Sepp und den geheimnisvollen Schuhen ......

Die Geschichte der Vrone Kiderlen ......

Die Schöne Lau ......

Die sieben Schwaben ......

Der Riese vom Reußenstein ......

Die Sybille von der Teck ......

Die Weiber von Weinsberg ......

Der Wirt am Berg ......

Die Teufelsglocke ......

Der Drache von Limburg ......

Die Sage von der Schalksburg ......

Das kalte Herz ......

Das Hornberger Schießen ......

Zwei halbe Ringe ......

Die Welfensage ......

Der Bauer und die Schwäbische Eisenbahn ......

LEGENDE

Märchenorte
Städte
wichtige Orte
Flüsse   Straßen
Autobahnen